अनुभव सिन्हा

निर्देशक, लेखक और निर्माता अनुभव सिन्हा ने फ़िल्मों के अलावा टीवी के लिए भी काफ़ी काम किया है। 1993 में आया धारावाहिक 'शिकस्त' उनकी आरम्भिक निर्देशकीय कृति थी जिसके पायलट एपिसोड से प्रभावित होकर गुलज़ार ने अपनी एक नज़्म उन्हें भेंट की थी। उन्होंने टीवी के लिए 'सी हॉक्स' का निर्देशन भी किया। 1998-2001 के दौरान उन्होंने लगभग दो सौ म्यूज़िक वीडियो भी बनाए।

बतौर फ़िल्म निर्देशक उन्होंने नए कलाकारों के अलावा बड़े सितारों के साथ वाली फ़िल्में भी बनाई हैं, जिनमें 'तुम बिन', 'रा-वन' और 'दस' प्रमुख हैं। 2012 में उन्होंने फ़िल्म निर्माण के क्षेत्र में भी क़दम रखा और 'बनारस मीडियावर्क्स' की स्थापना की।

2018 में आई 'मुल्क' उनके करियर का अहम पड़ाव है, जिसे आलोचकों और दर्शकों, दोनों की तरफ़ से काफ़ी प्यार और सम्मान मिला। इसकी पटकथा पुस्तक रूप में प्रकाशित है।

गौरव सोलंकी

बतौर पटकथा लेखक, गौरव सोलंकी की यह पहली फ़िल्म है। गौरव की कहानियों की पहली किताब 'ग्यारहवीं-A के लड़के' काफ़ी चर्चित और प्रशंसित रही है। कहानियों और कविताओं की नई शैली और कथ्य ने उन्हें हिन्दी के बेस्टसेलर लेखकों में अलग खड़ा किया है।

गौरव का बचपन संगरिया, राजस्थान में बीता। आईआईटी रुड़की से इंजीनियरिंग में ग्रेजुएशन के बाद वे कुछ साल 'तहलका' के लिए सिनेमा और समाज पर लिखते रहे। 2014 में आई फ़िल्म 'अग्ली' के गीत लिखे। उनकी स्क्रिप्ट 'निसार' 2016 में 'दृश्यम सनडैंस स्क्रीनराइटर्स लैब' के लिए चुनी गई। कविताओं और कहानियों की अगली किताबें जल्दी ही आने को हैं। 'आर्टिकल 15' के अलावा वे अभी एक फ़िल्म और सीरीज़ पर काम कर रहे हैं। दोनों ही आज के भारत की ज़रूरी और दिलचस्प कहानियाँ हैं।

आर्टिकल 15

अनुभव सिन्हा • गौरव सोलंकी

राजकमल पेपरबैक्स

फ़िल्म की टीम की सहूलियत के लिए इस पटकथा के निर्देश/एक्शन अंग्रेज़ी में लिखे गए थे और डायलॉग हिंदी में। इस किताब के लिए उन निर्देशों का अनुवाद **प्रदीप अवस्थी** ने किया है।

राजकमल पेपरबैक्स में
पहला संस्करण : 2019

राजकमल पेपरबैक्स : उत्कृष्ट साहित्य के जनसुलभ संस्करण

राजकमल प्रकाशन प्रा. लि.
1-बी, नेताजी सुभाष मार्ग, दरियागंज
नई दिल्ली-110 002
द्वारा प्रकाशित

शाखाएँ : अशोक राजपथ, साइंस कॉलेज के सामने, पटना-800 006
पहली मंजिल, दरबारी बिल्डिंग, महात्मा गांधी मार्ग, इलाहाबाद-211 001
36 ए, शेक्सपियर सरणी, कोलकाता-700 017
वेबसाइट : www.rajkamalprakashan.com
ई-मेल : info@rajkamalprakashan.com

यश प्रिंटोग्राफिक्स
नोएडा-201 301 (उत्तर प्रदेश)
द्वारा मुद्रित

मूल्य : ₹199

ARTICLE 15
Screenplay by Anubhav Sinha, Gaurav Solanki

ISBN : 978-93-88933-33-9

अब फ़र्क़ लाएँगे!

भूमिका-I

इस फ़िल्म में अयान कहता है कि एक वॉर चल रही है बाहर, बच्चियों का बलात्कार हुआ है, लेकिन यहाँ सब ऐसे चल रहा है, जैसे कुछ हुआ ही नहीं। सब ऐसे बिहेव कर रहे हैं जैसे यह दूसरे किसी देश की बात है। ड्रॉइंग रूम्स में, बाज़ार में, टीवी पर सब नॉर्मल है। हमें उसी नॉर्मल को झिंझोड़ना था। सबसे बात करनी थी, अपने आसपास के लोगों से, बड़ों और बच्चों से कि ये वो देश तो नहीं, जिसका वादा था। ये वो सहर तो नहीं, जिसकी उम्मीद में हज़ारों लोगों ने जहान-भर की यातनाएँ सही थीं।

बेतहाशा बेचैनी थी, ग़ुस्सा था, जिससे यह फ़िल्म निकली। वे ख़बरें जिन्हें हम सब अब अख़बार में इग्नोर करने लगे हैं, और जिन्हें अब अख़बार भी इग्नोर करने लगे हैं, हमें उनकी कहानी कहनी थी। बिना यह सोचे कि यह कहानी कहना कूल है या नहीं। बिना यह सोचे कि हिंदी की मुख्यधारा में इस विषय पर अब तक एक भी फ़िल्म क्यों नहीं बनी।

बहुत सारे शहरी लोगों का दावा है कि देश में जातिवाद अब उतना नहीं बचा, जबकि वो वहीं है, वैसा ही, कभी-कभी बस पाँच मीटर दूर। कितने सारे लोग घर की सफ़ाई करनेवाली औरत को अलग कप में चाय देते हैं, कितने सारे युवा किसी की बदहाली का या शक्ल का मज़ाक़ उड़ाने के लिए उन जातियों के नामों का इस्तेमाल करते हैं, जिन्हें वे ख़ुद से नीचा मानते हैं। कॉलेजों और दफ़्तरों में इसके हज़ार रूप हैं। हर संस्था के शीर्ष पर एक बंद कमरा है, जिसमें ज़्यादातर कुछ ही जातियों के लोग घुस पाते हैं, और ऐसा करने का कोई नियम नहीं है। नियम तो वहाँ भी यही है कि सब बराबर हैं।

वे जो अनाज उगाते हैं, लाशें जलाते हैं, हमारे बच्चे पैदा करते हैं, गटर साफ़ करते हैं, उन सबमें उन्हीं जातियों का प्रतिशत ज़्यादा है, जिन्हें 'ऊँची जाति' वाले ख़ुद से कमतर इनसान मानते हैं। हैरत की बात यह कि उन 'कमतर' लोगों के बिना उनकी ज़िंदगी चार दिन भी नहीं चल सकती।

और उन जातियों में भी सबसे ज़्यादा हाशिए पर हैं उनकी स्त्रियाँ। समाज के सारे ज़ुल्म और सारी नाइंसाफ़ी उन तक और तीव्रता से पहुँचती है।

इक्कीसवीं सदी में यह सब होना एक ख़राब जादू, एक बुरे सपने जैसा है। यथार्थ तो इतना बेवकूफ़, तर्कहीन नहीं होना चाहिए था ना? पर है।

इसी को ठीक करना है हमें। शायद इस फ़िल्म से ज़्यादा लोग इस बात को करने लगें। शायद ऐसी बातों के सिलसिले से ही हम सब ख़ुद को ठीक करें एक दिन। राजनीति में जाएँ या बेहतर और संवेदनशील लोगों को संसद में भेजें। जातिवाद के विरोध में चिल्लाएँ, नाराज़ हों, अपने आसपास वाले लोगों से झगड़ें। शर्मिंदा हों, परेशान हों, और कोई तो दिन आए जब हम अपने दफ़्तरों, स्कूल, कॉलेजों, बाज़ारों, थानों को ठीक करें।

और हमारे बच्चे कुछ साल बाद इस फ़िल्म को एक पीरियड फ़िल्म की तरह देखें। हर लेखक अपनी कहानी या स्क्रिप्ट को लम्बे वक़्त तक ज़िंदा और प्रासंगिक देखना चाहता है। यह वो कहानी है, जो मैं चाहता हूँ कि जितनी जल्दी अप्रासंगिक हो जाए, उतना अच्छा।

—गौरव सोलंकी

भूमिका-II

'कितना ग़ुस्सा है भाई तुम्हारे अंदर?'

एक ग़ैरफ़िल्मी दोस्त को फ़िल्म का ट्रेलर रिलीज़ होने के पहले दिखाया तो उसके मुँह से बरबस ये निकला। और इस से ही आया उस सवाल का जवाब जो मुल्क के बाद से लोग मुझ से पूछते रहे हैं कि, "भाई क्या हो गया तुम्हें?"

बहुत नाराज़ हूँ मैं। सब से। लगभग पूरी दुनिया से। मैं पूछना चाहता हूँ उनसे कि 'भाई क्या हो गया है तुम्हें?'

तय तो यही हुआ था न कि सब साथ रहेंगे, ख़ुश रहेंगे, एक दूसरे का ख़याल रखेंगे। फिर क्या हो गया?

राजा और प्रजा तक ठीक था, ठीक तो नहीं था पर जो भी था, था। फिर क्या हुआ कि गोरा-काला, ऊँचा-नीचा, ऐसा ईसाई वैसा ईसाई, यहूदी, मुसलमान, शिया, सुन्नी। क्या, हुआ क्या? किस धर्म में ऐसा लिखा था कि लड़ो, मरो? किस धर्म में लिखा था कि किसी को अपने बराबर मत समझो। वो जो सीरियन बच्चा था लाल क़मीज़ में, मुँह जिसका तुर्की के किसी बीच की रेत में धँसा हुआ था, उसने किया क्या था? या वो दो लड़कियाँ जो बदायूँ में पेड़ से लटकी हुई थीं?

हम कितने नाराज़ हो जाते हैं छोटी-छोटी बातों पर। दक्षिण में हिंदी बोली जानी चाहिए कि नहीं, कश्मीर में ज़मीन ख़रीदी जानी चाहिए कि नहीं। ये भी पता नहीं करते कि सिर्फ़ कश्मीर ही नहीं है कि जहाँ आप ज़मीन नहीं ख़रीद सकते, और भी राज्य हैं। पर हम कश्मीर से नाराज़ हैं क्योंकि सब नाराज़ हैं।

इस बात से हम नाराज़ नहीं होते कि भाई कुछ लोग उस कुएँ से पानी क्यों नहीं ले सकते, या कुछ लोग मंदिर में क्यों नहीं जा सकते। क्या भगवान ने कहा है ऐसा? क्या धर्म में लिखा है ऐसा? कौन-से भगवान ने कहा है, मुझे भी बताओ मैं उसकी पूजा करना बंद कर दूँगा।

मैं नाराज़ था इस बात से और मैं चाहता था कि और बहुत सारे लोग नाराज़ हों इस बात से। अपने आप से। क्योंकि हम सब अनजाने में ऐसे पाप के भागीदार हैं। मैं चाहता था हम अपने आप को कटघरे में खड़ा करें। ऐसी ही नाराज़गी में

जनवरी 2017 में तीन दिन के अंदर लगभग सौ पेज लिख डाले। फ़िल्म का नाम था 'कानपुर देहात'। बहुत कुछ अच्छा था उसमें पर और बहुत कुछ करने की ज़रूरत भी थी। अच्छी बात थी कि मुझे ये पता था। और फिर मिला गौरव। गौरव सोलंकी। गौरव ने पढ़े वो सौ पेज और कहा कि चलो लिखते हैं इस नीयत को नए सिरे से। हम टूट पड़े। साल-भर लगे रहे। किताबें पढ़ीं। आनंद तेलतुम्बड़े की 'रिपब्लिक ऑफ़ कास्ट', ओम् प्रकाश वाल्मीकि की 'जूठन' की दोनों जिल्द और बहुत कुछ। दिल्ली जा के लोगों से मिले, पत्रकारों से जो कि इस विषय पर काम करते रहे हैं। राधिका बोर्डिया, अश्वाक मसूदी, हरतोष बल और कई दोस्त। जितनी जानकारी इकट्ठा कर सकते थे की, जितनी समेट सकते थे समेटी और जितनी उँड़ेल सकते थे कथानक में उँड़ेल दी। फिर बना एक ऐसा कथानक जो मेरे अति विश्वसनीय कथानक सलाहकार अंजुम रजबली को सौंप दिया। अंजुम एक बेहद अनुभवी लेखक हैं जिन्हें समस्या की नब्ज़ पर उँगली रखना बख़ूबी आता है। उन्होंने 'मुल्क' में भी मेरी सहायता की थी। अंजुम को फिर लगा कि अभी और बहुत कुछ किया जा सकता है इस कथानक के साथ।

फ़िर एक और तवील यात्रा शुरू हुई मेरी और गौरव की। लगभग एक साल गौरव और मैं लगे रहे। इस से पहले कि ये महसूस होता कि अब शूटिंग की जा सकती है। ऐसा नहीं है कि शूटिंग के बाद लिखना बंद हो गया। वहाँ भी लगातार ये कोशिश रही कि किस दृश्य को और कैसे बेहतर किया जा सकता है। देर रात तक कई दृश्य लिखे गए जो अगली सुबह शूट होने थे। ऐसे में ज़्यादातर संवाद ही होते थे, कथानक में गौरव और मैंने कोई परिवर्तन नहीं किया, छायांकन प्रारम्भ होने के बाद। गौरव और अंजुम नहीं होते तो जाने कैसे लिखी जाती ये फ़िल्म।

ये फ़िल्म मैं समर्पित करना चाहता हूँ इस फ़िल्म के सभी कलाकारों को, सभी तकनीकी साथियों को। इस फ़िल्म का श्रेय सालों मुझे मिलेगा पर सच ये है कि ये फ़िल्म इन सबने बनाई है। मैं इन सबका ऋणी रहूँगा ताउम्र।

—अनुभव सिन्हा

मुख्य निर्माण दल

निर्देशक	:	अनुभव सिन्हा
लेखक	:	अनुभव सिन्हा, गौरव सोलंकी
निर्माता	:	अनुभव सिन्हा, ज़ी स्टूडियोज़
छायांकन	:	इवान मुलिगन
कार्यकारी निर्माता	:	सागर आर. शिरगांवकर
सीइओ ज़ी स्टूडियोज़	:	शरीक़ पटेल
सीएफ़ओ बनारस मीडियावर्क्स	:	ध्रुव कुमार दुबे
पटकथा परामर्श	:	अंजुम रजबअली
सहायक निर्माता	:	अनुराग बेदी, रुचिर तिवारी
संपादक	:	यशा पुष्प रामचंदानी
एसोसिएट डायरेक्टर	:	विख्यात दीपक सरीन
ध्वनि	:	कामोद एल खराडे
कला निदेशक	:	निखिल कोवाले
संगीत	:	अनुराग सैकिया, पीयूष शंकर
गीतकार	:	शकील आज़मी, रश्मि विराग
पार्श्व ध्वनि	:	मंगेश धाकड़े
वेशभूषा	:	विशाखा कुल्लरवर
मेक अप	:	यस्मिन रॉजर्स
स्टंट	:	रियाज़ शेख़, हबीब हाजी
नृत्य निर्देशक	:	जयेश प्रधान
री-रिकॉर्डिंग मिक्सर	:	बोलोय कुमार दोलोई
मिक्सिंग स्टूडियो	:	विक्रांत एटमोस स्टूडियो
ज़ी स्टूडियोज़ इंडिया		
डिस्ट्रीब्यूशन हेड	:	भूमिका तिवारी
ज़ी स्टूडियोज़ इंटरनेशनल हेड	:	विभा चोपड़ा
विजुअल इफ़ेक्ट सुपरवाइज़र	:	अमित मालवीय
डी आई कलरिस्ट	:	प्रकाश निखरगे
डी आई स्टूडियो	:	पिक्सेल डी पोस्ट प्राइवेट लिमिटेड
सेकंड यूनिट डीओपी	:	धनंजय नवाग्रह
पोस्ट प्रोडक्शन	:	अरविन्द बूदी

पटकथा

मुख्य किरदार

अयान रंजन	:	आयुष्मान खुराना
नसीर	:	पैनिकर
मनोज पाहवा	:	ब्रह्मदत सिंह
कुमुद मिश्र	:	एस आई जाटव
ज़ीशन अयूब	:	निषाद
ईशा तलवार	:	अदिति
सयानी गुप्ता	:	गौरा
सुभ्रज्योती बरत	:	चन्द्रभान
सुशील पाण्डे	:	निहाल सिंह
आकाश दभाड़े	:	सत्येन्द्र
आशीष वर्मा	:	मयंक
रोंजिनी चक्रबोर्ती	:	डॉक्टर मालती
वीन	:	अंशु यादव
सुम्बुल तौक़ीर	:	अमली

बाहर। धान का खेत - रात

शुरुआती क्रेडिट्स।

फ़ेड इन

ग्रामीण भारत में कहीं। बारिश हो रही है। दूर तक फैले मैदान में कमर तक उग आई फ़सल के बीच में कहीं, एक पीली तीस सीट की बस, जिसकी सिर्फ़ एक हेडलाइट काम कर रही है, धीरे-धीरे बिना किसी उद्देश्य के रेंग रही है। कई मीलों तक यह बस ही एकमात्र हिलती-डुलती चीज़ है। एक चौदह साल की लड़की का टाइट क्लोज़ अप। चोटिल। उसका चेहरा एक मज़बूत हाथ द्वारा जकड़ा हुआ। उसकी आँखें दया की गुहार लगाती हुईं, साँस रुकती हुई। धीरे से, चेहरा फ्रेम से बाहर। जिस तरह से फ्रेम में उसके सिर के पीछे का हिस्सा हिलता है, हम समझ जाते हैं कि उसे बेरहमी से चूमा जा रहा है और उसकी दबी हुई चीख़ मदद के लिए प्रार्थना करती है। और तभी, वह उसके चेहरे को छोड़ देता है। उसका मुँह गीला और कटा हुआ। वह अपना चेहरा पोंछती है और अचानक उसके चेहरे पर पर एक ज़ोरदार थप्पड़ उसे ज़मीन पर गिरा देता है। वह तेज़ी से रेंगती हुई बस के अंत तक जाती है। वहाँ एक और लड़की डरी हुई छुपी बैठी है। एक तीसरी बस की सीट पर पड़ी है। गुलाबी चप्पलों में उसके पैर सीट से बाहर लटके हैं। वाइड शॉट। यह बस एक पिंजरा है जहाँ से बच कर जाने का उनके पास कोई रास्ता नहीं। बस बिना किसी मक़सद के घूम रही है। एक बिजूका बाहर भीग रहा है।

फ़ेड टू ब्लैक

फ़ेड इन 'आर्टिकल 15'

शुरुआती क्रेडिट्स चल रहे हैं।
समूह की तालियाँ धीमी होती हैं। रात। एक गाँव में एक छोटा स्कूल जिस पर हाथ से लिखा है 'रमा बाई प्राइमरी स्कूल, हरिमनपुर'। गौरा, उम्र 28, सांवली और बेहद आकर्षक गाँव की लड़की, स्कूल के बाहर चौपाल पर एक कोरस का नेतृत्व कर रही है। उसके साथ पाँच और विद्यार्थी समाज में बराबरी के बारे में एक क्रांतिकारी लोकगीत 'कहब तो लग जाई धक से' गाते हैं। बुज़ुर्ग लोग आस-पास बैठे हैं और कोरस की ताल से मिलाकर ताली बजा रहे हैं। बाहर बारिश में डॉक्टर आंबेडकर की मूर्ति। एक अपर्याप्त छत के नीचे समूह में बंधे हुए सूअर। लोगों के चेहरे गौरा की तरफ़। कुछ मासूम, कुछ दृढ़ और कुछ संगीत सुनकर ख़ुश।

फ़ेड इन

अंतिम क्रेडिट।

फ़ेड आउट

बाहर। एक्सप्रेस हाईवे - दिन

कुछ समय शांति और काली स्क्रीन के बाद, गिटार और एक माउथ ऑर्गन की आवाज़ आती है। यह बॉब डिलन का गाना 'ब्लोइंग इन द विंड' है।

फ़ेड इन

आज का आठ लेन का एक्सप्रेसवे। नीली लाइट वाली एक पुलिस स्टाफ़ कार लेन बदलती है और एक लोकल रास्ते पर आती है। अब कार ज़्यादा ठीक से नज़र आती है। थोड़ी देर बाद कार एक और मोड़ लेती है और ग्रामीण भारत में प्रवेश करती है। दोनों तरफ़ मैदान और बीच में एक कच्चा रास्ता। धूल उड़ाती हुई कार निकल जाती है।

चन्द्रभान (O.S.)

सर, जब रामचंद्र जी अयोध्या लौट रहे थे, तो रास्ते के सब गाँव वालों ने उनके स्वागत में दीये जलाए थे। परन्तु एक गाँव में अंधेरा था। रामचन्द्र जी भगवान ने इसको नोटिस किया सर। गाड़ी रुकवाई, पूछा कि भाई अंधेरा क्यों है? व्हाई डार्कनेस? तो गाँव वालों ने कहा कि सर, दीये तो हमने भी जलाए थे। पर एक आंधी आई और सब दीये बुझ गए। लेकिन हमने देखा कि हमारा अंधेरा होने से आपका महल अब और भी सुंदर चमक रहा है। तो हमने सर, दीये बुझे ही रहने दिए।

अन्दर अयान फॉर्मल्स में बैठा अपने फ़ोन में मैसेज टाइप करता है। लोकल एफ़.एम. रेडियो पर बॉब डिलन का गाना 'ब्लोइंग इन द विंड' चल रहा है। पीछे की सीट्स के लिए लगे ए.सी. की हवा के निकास से अयान, अपने बूट्स से छेड़-छाड़ करता है। खिड़की पर लगा बैटरी से चलने वाले एक छोटे पंखे की हवा मुश्किल से अयान तक पहुँचती है। चन्द्रभान, 48, अपने ड्राइवर के कपड़ों में, कार चला रहा है और निहाल सिंह, 34, सिक्यूरिटी गार्ड पैसेंजर सीट पर भावहीन चेहरा लिए बैठा है।

अन्दर। कार/ग्रामीण रास्ता/दिल्ली - दिन

अयान मैसेज टाइप करता है। बाहर देखता है

अयान रंजन (V.O.)

कंट्रीसाइड इंडिया इज़ सो ब्यूटीफ़ुल अदिति। दिल्ली की सारी ऑक्सीजन यहीं आ गई है शायद।

दिल्ली में एक आलीशान अपार्टमेंट में, अदिति, 26, आसपास रखे कई अख़बारों में से चाय के साथ एक अख़बार पढ़ रही है। मेड झाड़ू लगा रही है। अदिति अपना मोबाइल उठाती है और मैसेज पढ़ती है।

एक बड़ी दीवार पर लगे कोकाकोला एड के पास से कार गुज़रती है, उसके सामने से एक आदमी दो बाल्टी पानी उठाये जा रहा है। अचानक अयान एक छोटी चाय की दुकान देखता है।

अयान रंजन

हैंग ऑन अ सेक...अरे चन्द्रभान...रुकना एक मिनट...ज़रा एक बोतल बिसलेरी ले लो यहाँ से।

चन्द्रभान, ड्राइवर, ठीक चाय की दुकान के सामने रोकता है। निहाल सिंह, कुछ ज़्यादा ही चुप है।

चन्द्रभान

साहब ये पासियों का गाँव है।

अयान रंजन

तो?

चन्द्रभान

छोटी जात है सर, शेड्यूल कास्ट। सूअर पालते हैं। हम लोग पानी भी नहीं पीते यहाँ। टच भी अलाउड नहीं है सर। परछाँई तक अलाउड नहीं है। शैडो सर।

अयान कार से बाहर निकलता है और सिक्यूरिटी गार्ड निहाल सिंह ठीक उसके पीछे आता है। निहाल कार और टी-स्टॉल के लगभग बीच में है, असमंजस में कि उसे पानी लेना चाहिए या नहीं। टी-स्टॉल पर खड़े लोग भी आने वालों को देखकर अभिभूत हैं। अयान निहाल को एक सौ रुपये का नोट देता है।

अयान रंजन

ले आइए।

और वो एक और मैसेज टाइप करता है जब तक चन्द्रभान और निहाल उसके लिए पानी लेने जाते हैं। अयान नोटिस करता है कि स्टॉल पर खड़े लोग उसे विस्मय से देख रहे हैं।

अयान रंजन (V.O.)

फ़नी प्लेस। मेरा ड्राइवर बोल रहा है कि शैडो भी अलाउड नहीं है इन लोगों की। शेड्यूल कास्ट गाँव।

अदिति (TYPES V.O.)

फ़नी क्या है? बर्तन तो हमारी मॉम्स भी अलग ही रखती थीं मेड्स के कुछ साल पहले तक।

इस पर वो मुस्कुराती है।

अयान रंजन (V.O.)

एंड दे आर लुकिंग एट मी लाइक ब्रिटिशर्स वापस आ गए।

बाहर। सिटी सेंटर - शाम-दिन

हाईवे पर अपनी कार में अयान उसका मैसेज पढ़ता है।

अदिति (V.O.)

(मुस्कुराती है)
दैट्स राइट इन अ वे। वेलकम टू पेज 7, इंडिया। मिस्टर माउंटबैटन।

अयान रंजन (V.O.)

हाँ-हाँ पेज 7, इंडिया भी होगा बाबा बट उतना नहीं जितना लगता है तुम्हें...

अदिति (V.O.)

लो फिर शुरू हो गए तुम।

लालगांव में प्रवेश करने से ठीक पहले, वे एक निर्माणाधीन जगह से गुज़रते हैं।

चन्द्रभान

यहाँ से राइट जाएँगे सर तो अयोध्या, सीधे लखनऊ और लेफ़्ट पे हाईवे सीधा कलकत्ता।

अयान रंजन

काफ़ी कंस्ट्रक्शन चल रहा है इधर। कोई मॉल-वाल बन रहा है क्या?

चन्द्रभान

नहीं सर, महंत जी का आश्रम है।

अयान की कार टाउन स्क्वायर से गुज़रती है। यह वाकई एक छोटा ज़िला है। छोटी दुकानें, ज़्यादातर पैदल रास्ते, साइकल्स, दुपहिये और अनैतिकता चारों तरफ़।

अन्दर। अयान का घर – शाम-दिन

कार घर के अन्दर रुकती है। यह एक मध्यम आकार का प्रवासीय भवन है। जैसे ही अयान कार से बाहर निकलता है, लगभग दर्जन भर पुलिस वाले उसका अभिवादन करते हैं। ज़्यादातर दूर से ही। उनमें से केवल चार बातचीत करने लायक पास हैं। वो सेल्यूट करते हैं, अयान जवाब में सेल्यूट करता है।

ब्रह्मदत्त सिंह

सर्किल ऑफ़िसर ब्रह्मदत्त सिंह सर।

जाटव, सुक्खा और ब्रह्मदत्त अपने नाम और ओहदा बताते हैं और ब्रह्मदत्त सबकी तरफ़ से अयान को एक गुलदस्ता देता है। इतने में, दो अर्दली उसकी कार की डिक्की से उसका सामान घर में ले जाना शुरू कर चुके हैं। एक चौदह साल की लड़की दरवाज़े पर दिखती है।

ब्रह्मदत्त सिंह

सर ये निहाल सिंह की यंगर सिस्टर है। इफ़ यू डोंट माइंड, बहुत बढ़िया खाना बनाती है। आपकी सेवा के लिए लगा दिया है इन फ़ैक्ट।

निहाल सिंह अभी भी इस तरह चुप है जैसे उसका नाम लिया ही न गया हो। अब तक अयान अपनी जैकेट उतार चुका है। वह जैकेट अमली को देता है जो घर में चली जाती है।

ब्रह्मदत्त सिंह

अरे अमली बेटा, चाय बना साहब के लिए, तेरी स्पेशल वाली। आप फ्रेश हो लीजिए सर। आपका स्वागत में एसपी साहब ने आयोजन रखा है। इन फ़ैक्ट कि उनके जाने से पहले आप सबसे मिल भी लेंगे।

अंशु नेहरिया, 29, एक पतला लड़का चार वर्कर्स के साथ घर के पीछे से आता है। उसकी फूलों वाली शर्ट को अनदेखा किया जाए तो अंशु एकदम साधारण लड़का है। वह अयान से कुछ मीटर की दूरी पर रुकता है और सम्मान में हाथ जोड़ता है। वर्कर्स और पीछे रुकते हैं।

अंशु नेहरिया

नमस्कार सर। वेलकम टू लालगांव।

अयान उसकी तरफ़ देखता है। अंशु झट से उसके पैर छूने के लिए आगे बढ़ता है, वर्कर्स अभी भी हाथ जोड़े आदर से उसकी ओर देखते हैं।

ब्रह्मदत्त सिंह

ये अंशु नेहरिया सर। सम्मानित कॉन्ट्रैक्टर हैं। इधर के काफ़ी सरकारी कॉन्ट्रैक्ट संभालते हैं इन फ़ैक्ट। रोडवेज़, रेलवेज़।

अंशु नेहरिया

टॉयलेट की रिपेयरिंग का कुछ काम था तो हमने कहा कि नया ही बना देते हैं।

ब्रह्मदत्त सिंह

बड़े अच्छे-अच्छे शौचालय बनाए हैं अंशु भैया ने पिछले साल भर में।

इस लड़के के बारे में कुछ है और अयान ये नोटिस करता है। वह बेअदब है, फिर भी शिष्ट है।

अन्दर। अयान की कार/अयान का ऑफ़िस - रात

एक छोटे शहर के ग़ज़ल गायक का टाइट क्लोज़ अप। लगभग धुन में लेकिन उर्दू उच्चारण में काफ़ी ग़लतियाँ। कुछ पुलिसवाले अपने परिवारों के साथ स्टेज के सामने प्लास्टिक की कुर्सियों पर बैठे हैं। कुछ बच्चे खेल रहे हैं। उन्हें खाने और कोकाकोला के अलावा किसी और चीज़ में दिलचस्पी नहीं है। ब्रह्मदत्त की जीप के पीछे अयान की कार ऑफ़िस में घुसती है। अयान अब फ्रेश दिख रहा है। अब वह सूट और टाई में है। जैसे ही अयान कार से निकलता है, मयंक, 27, उसका पी.ए., उसका अभिवादन करता है।

मयंक

हेलो सर, आई एम मयंक। योर पी.ए.

अयान उससे हाथ मिलाता है।

अयान रंजन

हाय मयंक..

ब्रह्मदत्त सिंह

सर आपकी सिंगल माल्ट की इनफॉर्मेशन इन्होंने ही दी थी आपका फ़ेसबुक देख के...

मयंक

इन्स्टाग्राम सर।

अयान उन लोगों की तरफ़ जाता है जो ज़्यादातर यूनिफार्म में हैं, वे अयान के स्वागत के लिए उसकी तरफ़ आते हैं। एसपी सुबोध लाल अपने ऑफ़िस के दरवाज़े पर आते हैं।

सुबोध लाल

आओ भाई अयान। सो गुड टु सी यू बिफ़ोर आई लीव।

अयान रंजन

सेम हियर सर।

ब्रह्मदत्त अयान के लिए सिंगल माल्ट गिलास में डालता है।

ब्रह्मदत्त सिंह

वेलकम वेलकम वेलकम सर...

एक कोने में, नशे में धुत दो आदमी सब से बेख़बर स्टेज का कार्यक्रम देख रहे हैं। उनमें से एक ग़ज़ल का आनंद ले रहा है जबकि दूसरा अपने दोस्त को देख कर चकित है क्योंकि उसे उर्दू समझ में नहीं आती।

ग़ज़ल सिंगर (O.S.)

(गाता है)
वो न आएँ तो सताती है ख़लिश सी दिल को...वो जो आएँ तो ख़लिश और जवाँ होती है...

मैन 1

(अभिभूत)
आये हाए हाए...
(दोबारा अनुवाद करता है)
एंड व्हेन शी कम्स, व्हेन शी कम्स...पेन बिकम्स यंगर।

दूसरा आदमी अब और ज़्यादा उलझन में है। इतने में :

सुबोध लाल

(अयान से)
तुम्हारे डैड को मैं फ़ॉलो करता हूँ, आई एम अ फ़ैन ऑफ़ हिज़ बुक।

ब्रह्मदत्त सिंह

राइटर हैं आपके पिताजी?

सुबोध लाल

अरे वेरी सीनियर आईएफ़एस ऑफ़िसर। अभी रिटायर हुए तो किताब लिखी एक। कमाल। बड़े विद्वान् आदमी के बेटे के साथ बैठे हैं हम लोग ब्रह्मदत्त जी
(अयान से)
मेरा ख़याल है आपकी सारी एजुकेशन तो बाहर ही हुई होगी।

अयान रंजन

जी बट ग्रेजुएशन दिल्ली से किया है। सेंट स्टीफेंस। डैड ने एक दिन बस बोल दिया कि हो गया तेरा यूरोप, अब वापस चल इंडिया।

सुबोध लाल

और फ़र्स्ट पोस्टिंग लालगांव?

अयान रंजन

(मज़ाकिया लहजे में कानाफूसी करने के लिए पास जाता है)
पनिशमेंट मिला है सर।

सुबोध लाल

क्यों? किसी से झगड़ा हो गया था?

अयान रंजन

नहीं सर, प्यार-मोहब्बत में ही हो गया। शास्त्री सर को कूल सर बोल दिया था।
एस. पी. अपनी हँसी नहीं रोक पाता।

सुबोध लाल

शास्त्री जी को?

अयान हाँ में सिर हिलाता है। एस. पी. अपनी हँसी रोक नहीं पा रहा। ब्रह्मदत्त को जोक पूरी तरह समझ नहीं आता लेकिन वह भी हँसता है।

ब्रह्मदत्त सिंह

(एक जूनियर ऑफ़िसर से)
मदन मोहन शास्त्री। सेक्रेटरी साहब।

सुबोध लाल

तुमने शास्त्री जी को कूल सर बोला?

अयान रंजन

पासिंग आउट पार्टी थी सर, उन्होंने कुछ बोला तो मैंने बोल दिया, कूल सर...

सुबोध लाल

फिर क्या बोले वो?

अयान रंजन

चुप रहे 2 सेकंड...फिर बोले...कूल।

सुबोध लाल

फिर तो भाई 7-8 महीने तो अब तुमको रहना पड़ेगा इधर।

अयान का ध्यान एक और कोने में दूसरे ऑफ़िसर्स के साथ पीते हुए एक आदमी पर जाता है। अयान हैरान रह जाता है।

अयान रंजन

ये सत्येन्द्र...

ब्रह्मदत्त सिंह

सत्येन्द्र राय हैं। आप जानते हैं इन्हें?

अयान रंजन

दोस्त था मेरा दिल्ली में। प्रीलिम्स की तैयारी साथ की थी हमने।

अयान उत्साह में उसकी तरफ़ बढ़ता है। ब्रह्मदत्त उसके पीछे जाता है।

ब्रह्मदत्त सिंह

अच्छा ये आईएएस भी दिए थे? यहाँ पोल्यूशन कन्ट्रोल बोर्ड में ज़ोनल ऑफ़िसर हैं।

सत्येन्द्र ने शराब पी हुई है। अयान उसके कंधे पर हाथ रखता है। सत्येन्द्र मुड़ता है और उसे ये समझने में कुछ समय लगता है कि वह अयान को पहचानता है। सत्येन्द्र के चेहरे पर कोई भाव नहीं है। अयान को काफ़ी ज़्यादा उत्साह की उम्मीद थी।

ब्रह्मदत्त सिंह

पहचान रहे हैं न इनको? इन्हीं की पार्टी की मदिरा पी रहे हैं आप।

सत्येन्द्र राय

पहचाना न यार। बधाई हो। एडिशनल साहब।
(एक बीट)
मैं मिलता हूँ।

वो एकदम से जाने के लिए मुड़ता है। अयान हैरानी से उसे देखता रहता है।

अयान रंजन

अच्छा दोस्त था मेरा।

ब्रह्मदत्त सिंह

जेएनयू में थे न ये तो?

एक ऊँची आवाज़ उनका ध्यान खींचती है। कोई ऑफ़िस के बाहर चिल्ला रहा है।

ऑफ़िसर 1 (O.C.)

मैंने उठाई है क्या? मैंने उठाई हैं?

ब्रह्मदत्त देखने के लिए जाता है।

ब्रह्मदत्त सिंह

अरे यार फिर आ गए।

ऑफ़िस के सामने लोगों का एक छोटा समूह बैठा है। कुछ 5-6 गाँव वाले हाथ जोड़े बैठे हैं। एस.पी. सुबोध लाल फिर दिखाई देते हैं।

सुबोध लाल

मैं निकलता हूँ भाई अयान। सुबह पांच बजे की फ़्लाइट है। अब सब तुम्हारा। वेलकम टु लालगांव।

अयान रंजन

सर।

एसपी चला जाता है। गाँव वालों के बीच इकलौती महिला गौरा है। वह आधी छुपी है लेकिन दूर से ही अयान को घूरती है। उसने बाक़ियों की तरह हाथ नहीं जोड़े हैं। अयान का ध्यान उस पर जाता है। वह अदिति के लिए मैसेज टाइप करता है।

अयान रंजन (TYPES V.O.)

शास्त्री जी से कोई जुगाड़ लगाना पड़ेगा अदिति। ये जगह तो बॉलीवुड की 70s की फ़िल्म है।

ब्रह्मदत्त लौटता है।

अयान रंजन

क्या हुआ?

ब्रह्मदत्त सिंह

अरे सर...आप एन्जॉय कीजिए सर।

अयान रंजन

कौन हैं ये लोग?

ब्रह्मदत्त सिंह

सर पास के एक गाँव से हैं। जानवरों का चमड़ा निकाल के भाईसाहब की फ़ैक्ट्री में बेचते हैं।

अयान रंजन

प्रॉब्लम क्या है?

ब्रह्मदत्त सिंह

सर इनकी रोज़ की है सर। इन फ़ैक्ट दो दिन से बोल रहे हैं कि तीन लड़कियाँ ग़ायब हैं गाँव से।

अयान रंजन

एफ़आईआर हो गई?

ब्रह्मदत्त सिंह

सर पूछ-ताछ चल रही है इन फ़ैक्ट।

एसआई जाटव

इनकी लड़कियाँ भाग जाती हैं सर, फिर वापस आ जाती हैं। इनके यहाँ ऐसा सब ही होता है सर।

एक सिपाही भजिया की प्लेट लेकर आता है और जाटव के पास रख देता है।

अयान रंजन

थाना कौन सा पड़ता है?

एसआई जाटव

यही है सर।

अयान जाटव की प्लेट से भजिया लेता है।

एसआई जाटव

(तुरंत)
नहीं-नहीं सर...नहीं, रख दीजिए। हमारी प्लेट से मत लीजिए।

अयान स्तब्ध रह जाता है।

एसआई जाटव

आपके लिए दूसरा मंगवाते हैं सर।

ब्रह्मदत्त सिंह

(आवाज़ लगाता है)
अरे सर के लिए मुन्गौरी लाइए न कुछ।

अचानक अयान की नज़र नशे में धुत सत्येन्द्र पर पड़ती है जो अपनी बाइक स्टार्ट नहीं कर पा रहा है। वह किक मार रहा है लेकिन किसी भी पल अपना सन्तुलन खो सकता है। अयान मुन्गौरी खाता है और सत्येन्द्र की तरफ़ जाता है और उससे बाइक लेने की कोशिश करता है।

अयान रंजन

चल मैं छोड़ देता हूँ सत्येन्द्र।

सत्येन्द्र अविश्वास से उसे देखता है।

अयान रंजन

बाइक भी नहीं चलाई कब से।

सत्येन्द्र उसे रोकता है। ये सब देख कर अयान का स्टाफ़ इस स्थिति को संभालने के लिए, जहाँ बॉस मोटरबाइक पर निकल सकता है, हड़बड़ी में दौड़ा चला आता है।

बाहर। लालगांव रोड - रात

अयान वीरान रोड पर ड्राइव करता है। सत्येन्द्र किसी तरह अपनी आँखें खोले बैठे रहने की कोशिश करता है।

सत्येन्द्र राय

(अस्पष्ट उच्चारण)
मेहनत तो बहुत की यार हमने भी...पर तेरा बढ़िया हो गया यार। हम जानते थे कि तुम तो बेटा क्लियर कर ही लोगे।

अचानक एक आदमी दौड़ता हुआ आता है और उनके पास से दौड़ता हुआ निकल जाता है। अयान बाइक रोक देता है। उनके पीछे आती कार भी रुक जाती है। निहाल बाहर निकलता है जब पहले आदमी का पीछा करता हुआ एक और आदमी अपने हाथ में चाकू लिए दौड़ता आता है। कार और बाइक को देख कर उसे स्थिति का अंदाज़ा होता है और वह वापस उल्टा भागने लगता है। निहाल उसके पीछे दौड़ता है और थोड़ी ही दूरी पर उसे गर्दन से पकड़ लेता है। सत्येन्द्र को ये सब मनोरंजक लग रहा है।

सत्येन्द्र राय

ज़्यादा हो गई इसकी...

थोड़ी दूरी पर, निहाल उस आदमी को थप्पड़ लगाना बंद करता है और चाकू के साथ वापस आता है।

निहाल

सर वो हलवाई का लड़का था, सब्ज़ी काटने का चाकू है।

आशंकाओं से घिरा अयान समझने की कोशिश कर रहा है।

बाहर। सत्येन्द्र का घर - रात

अयान बाइक रोकता है। थोड़ी दूर पर उसकी कार रुकती है। सत्येन्द्र अब पहले से सन्तुलित है।

सत्येन्द्र राय

हम को तो लगा था कि तुम पहचानोगे कि नहीं।

अयान रंजन

(बाइक को स्टैंड पर लगाते हुए)
अरे क्यों नहीं पहचानूँगा?

सत्येन्द्र राय

अदिति कैसी है? अभी भी फ़िरंगी बुलाती है तुमको?

अयान रंजन

हा हा हा...बुलाती नहीं है पर मानती है...अच्छी है। अच्छा काम कर रही है। ह्यूमन राइट्स, जेंडर ईक्विलिटी। आर्टिकल्स भी छपने लगे हैं अब तो उसके। बात होती रहती है।

सत्येन्द्र राय

(हैरान)
बात होती रहती है???? मतलब??

अयान रंजन

कुछ नहीं यार...आजकल बहस ज़्यादा करते हैं हम। उसके दिमाग़ में मैं आज भी वही कॉलेज वाला बॉयफ्रेंड ही हूँ...

सत्येन्द्र राय

सुनो अदिति को जाने मत देना बेटा, वैसी लड़की एक ही मिलती है ज़िंदगी में...

तभी सत्येन्द्र की पत्नी अर्चना, 34, गर्भवती, दरवाज़ा खोलती है।

अयान रंजन

(आदरपूर्वक अपने हाथ जोड़ता है)
नमस्ते भाभी, मैं अयान।

सत्येन्द्र राय

अरे अर्चना जान रही है तुमको...

अयान रंजन

चलता हूँ...कल मिलते हैं...

वो जाने लगता है और सत्येन्द्र उसे आवाज़ लगाता है।

सत्येन्द्र राय

अरे सुनो बेटा...

अयान उसे देखने के लिए मुड़ता है। सत्येन्द्र उसे गले लगाने उसके पास जाता है।

सत्येन्द्र राय

अबे गले तो मिले ही नहीं बे हम लोग।

दोनों गले लगते हैं।

अयान रंजन

(गले लगे हुए)
अपनी क्रांतिकारी कविताएँ लिख रहे हो कि नहीं?

सत्येन्द्र राय

कविताओं से क्रान्ति हुई नहीं तो अब दारू पीते हैं। अन्दर जल के ख़तम हो जाता है साला सब।

दोनों एक-दूसरे को देखते रहते हैं।

बाहर। आम का पेड़, हरिमनपुर - दिन

धान के खेतों के बीच से एक कच्चा रास्ता। वैसा जैसा हमने शुरू में देखा था। अपर्याप्त कपड़े पहने हुए बीस बच्चे किसी चीज़ के पीछे भाग रहे हैं। ये अयान की कार है। कार एक दायाँ मोड़ लेती है और वहाँ एक बड़ी संख्या में लोग खड़े हैं। कुछ पुलिस की गाड़ियाँ और बहुत सारे पुलिस वाले। ब्रह्मदत्त लोगों के बीच से निकल कर कार तक आता है जो अभी रुकी है। अयान कार से निकलता है और ब्रह्मदत्त उस तक पहुँचता है। अयान को जो दिखता है, कुछ ऐसा है जो उसने पहले कभी नहीं देखा है, और फिर कभी देखना भी नहीं चाहेगा। वह बस बुत बनकर खड़ा है और ब्रह्मदत्त जो भी कह रहा है इस समय उसका अयान के लिए कोई मतलब नहीं है।

ब्रह्मदत्त सिंह

सॉरी सर सुबह-सुबह...रात को भी लेट सोये होंगे आप।

अयान देखता है कि दस मीटर की दूरी पर दो पंद्रह साल की लड़कियाँ आम के पेड़ से लटक रही हैं। हमने पहले उन्हें बस में देखा है। पेड़ के आसपास लगभग सौ लोग हैं। एक कोने में औरतें रो रही हैं। अलग-अलग समूहों में आदमी बात कर रहे हैं। बहुत उलझन की स्थिति है। तीन पुलिस वाले लड़कियों के शव को नीचे उतारने के लिए पेड़ पर चढ़ते हैं। कुछ लोग हैं जो अपने किन्हीं कारणों से नहीं चाहते कि शव नीचे आएँ। जैसे ही अयान शवों के पास जाता है, थोड़ी शान्ति छाती है।

ब्रह्मदत्त सिंह

फ़ोटोज़ ले ली हैं सर इन फ़ैक्ट।

अयान रंजन

ये वही लड़कियाँ हैं जिनके लोग आए हुए थे कल...

ब्रह्मदत्त सिंह

जी सर...12 तारीख से।

एक पुलिस वाला उस तने तक पहुँच चुका है जिससे लड़कियाँ लटक रही हैं। वह ध्यान से रस्सी खोलना शुरू करता है। फिर थोड़ा शोर होता है। ख़ासकर पुलिस वालों का, एक-दूसरे को समझाते-बताते हुए।

ब्रह्मदत्त सिंह

कज़िन थी दोनों। तीसरी भी इनकी फ्रेंड थी...इसी गाँव की...गाँव वाले बोल रहे हैं कि इन फ़ैक्ट इन दोनों का रिलेशन था।

अयान उसे देखता है।

ब्रह्मदत्त सिंह

समलैंगिक। दोनों के बाप ने मिल के लटका दिया।

अयान रंजन

(ब्रह्मदत्त से)
एक्सेप्ट...कन्फेस किया उन्होंने?

ब्रह्मदत्त सिंह

मिले नहीं हैं सर अभी, ढूंढ़ रहे हैं।

अयान रंजन

बयान किसने दिया?

ब्रह्मदत्त सिंह

अभी नहीं सर, दे देंगे...

अयान रंजन

और तीसरी बच्ची?

ब्रह्मदत्त सिंह

अभी कुछ पता नहीं सर...

यहाँ साफ़ तौर पर दो तरह के लोग हैं। पुलिस और गाँव वाले। अयान पक्के तौर पर यहाँ का मालूम नहीं होता और सबको देखता रहता है जब तक उसकी नज़र गौरा पर नहीं पड़ती जिसने एक रोती हुई औरत को सहारा दिया हुआ है, जो शायद किसी एक शव की माँ है। पुलिस वाले एक अप्रशिक्षित भीड़ के समूह जैसे हैं। वे शवों को इस तरह नीचे छोड़ रहे हैं जैसे मुंबई की किसी बिल्डिंग की पांचवीं मंज़िल से एक सोफ़ा सेट को नीचे छोड़ा जा रहा हो। भीषण अव्यवस्था। मृत या सबूत के प्रति कोई सम्मान नहीं। हर कोई किसी दूसरे को कुछ करने को कह रह है और सुन कोई नहीं रहा। जाटव पेड़ के तने पर बैठा है रस्सी की गाँठ खोलने की कोशिश करता हुआ। वे सोच रहे हैं कि पेड़ के तने पर बंधी गाँठ खोली जाए या लड़कियों के गले पर बंधी गाँठ खोली जाए।

पुलिसवाला

अरे जाटव जी गाँठ ही नहीं खुल रही है आपसे।

जाटव

बॉडी ऊपर खींच के गर्दन वाली खोलने को ट्राय करते हैं।

पुलिसवाला

बे...ऊपर खींचिएगा तो खोलिएगा कैसे?

जाटव

तो काट दें क्या रस्सी?

पुलिसवाला

फिर गिरेगी भड्ड से नीचे...फ़िज़िक्स नहीं समझते हैं क्या?

अयान अचंभित सा उन दोनों को देखता है जबकि पेड़ के पास की अराजकता जारी है।

अन्दर/बाहर। अयान की कार/रोड - दिन - मिनट्स लेटर

अदिति से फ़ोन पर बात करते हुए अयान थोड़ा व्याकुल दिखता है। आगे एक रेलवे क्रॉसिंग है। वहाँ कार को रुकना है। अयान कार से बाहर निकलता है। निहाल उसके पीछे आता है लेकिन अयान उसे रोक देता है। अब वह ऐसी ज़िंदगी के इर्द-गिर्द है जिसका उसके पहले कोई अनुभव नहीं। मज़दूर — ख़ासकर औरतें और कम उम्र के लड़के और लड़कियाँ काम कर रहे हैं। अधनंगे बच्चे घूम रहे हैं, खेल रहे हैं। किसी को उनकी सुरक्षा की चिन्ता नहीं है। गाड़ियाँ, ट्रक और ये दुनिया कभी भी उन्हें मार सकती है। ऐसा लगता है जैसे वे सभी वहीं रहते और सोते हैं। दो पूरे कपड़े पहने लड़कियाँ हैण्ड पंप पर नहा रही हैं। एक औरत अपने सिर पर एक बड़ी बाल्टी ढो रही है और उसकी छाती पर एक बच्चा बंधा है। माहौल में सुस्ती। हर कोई जो है, जहाँ है, संतुष्ट है।
दिल्ली में, अदिति एक ट्रैफ़िक लाइट के पास अपनी कार में है। उसके आसपास अलग ही दुनिया है। बहुत अलग, लेकिन एक जैसी।

अयान रंजन

फ़क मैन। बच्चियाँ हैं। फ़किंग फ़िफ़्टीन। एक अभी भी मिसिंग है। वाइल्ड वाइल्ड वेस्ट।

अदिति चुप हो जाती है।

अयान रंजन

हेलो??? यू देयर???

अदिति

हाँ...वो लास्ट वीक राजस्थान में भी एक लड़की की बॉडी मिली थी। सीकर। रेप ही लग रहा था पर कुछ लोग ऑनर किलिंग बोल रहे थे। ये भी दलित हैं?

अयान रंजन

हम्म...हाँ...

अदिति

ये न्यूज़ ऊपर क्यों नहीं छपती जीडीपी हैडलाइन के साथ?

अयान रंजन

छपती तो हैं अदिति। रिमेम्बर द निर्भय आउटरेज?

अदिति

हाँ बट लालगांव की क्यों नहीं छपती, सीकर की क्यों नहीं छपती फ्रंट पेज पे?

अयान रंजन

बट व्हाई शुड यू डिसाइड अबाउट लालगांव? इन्वेस्टिगेशन होगा तब पता चलेगा न? सब लोगों के लगने से रेप पब्लिश कर देंगे क्या? देयर इज़ अ बुक ऑफ़ लॉ।

अदिति

डज़ इट केयर अबाउट जस्टिस?

अयान रंजन

अदिति, ये पीएचडी नहीं कर सकता न मैं इसपे। मैं तुमसे कुछ बोल रहा हूँ।

अदिति

हाँ...तुम सिस्टम की भाषा बोल रहे हो अयान।

अयान रंजन

(चिढ़ा हुआ)
तो ऑनर किलिंग नहीं होती क्या? एंड आई एम जस्ट डूइंग माय जॉब।
(साँस भरता है)
मुझे लगा कि आई कैन शेयर विद यू...बट

तुम्हें मॉडरेशन में कुछ चाहिए ही नहीं...तुम्हें एक्टिविस्ट भी चाहिए, लॉ भी चाहिए, तुम्हें हीरो चाहिए अदिति।

अदिति

हीरो नहीं चाहिए अयान। बस ऐसे लोग चाहिए जो हीरो का वेट न करें।

ट्रेन अब गुज़र रही है। तेज़ आवाज़। अयान बहुत व्याकुल है। पेड़ से लटकी लड़कियों के क्लोज़-अप्स के फ़्लैश कट्स। उनके चेहरे। उनके पैर। कुछ दूरी पर देखने वालों के भावहीन चेहरे और कुछ खेलते बच्चे।

बाहर। आम का पेड़, हरिमनपुर - मिनट्स लेटर - दिन

एक दूसरे पेड़ के नीचे ब्रह्मदत्त कुछ गाँव वालों से बात करता है। बाकी सारे गाँव वालों को कुछ मीटर पीछे धकेल दिया गया है। दोनों शवों को उतार लिया गया है। एक एम्बुलेंस शवों के पास जाती है। एम्बुलेंस का रिवर्स गियर म्यूज़िक बजता है, बिना स्थिति की परवाह के।

अन्दर/बाहर। अयान का ऑफ़िस - दिन

अयान की कार रुकती है। अयान बाहर निकलता है। अयान के पीछे, एसआई जाटव जीप से बाहर निकलता है। उसके साथ आता है। कई सारे सेल्यूट्स के बीच, अयान को उसके केबिन ले जाया जाता है। मयंक भी आता है।

एसआई जाटव

सर रेज़िडेंस से फ़ोन था, घर से खाना आएगा क्या? वैसे आज हम लोगों ने आप के लिए कैंटीन से लिट्टी चोखा मंगवाया है सर।

अयान का ध्यान शायद कहीं और है। वो नहीं सुनता। वो शायद अभी भी आम के पेड़ के पास वाले क्षण में हैं।

अयान रंजन

ठीक है।

जाटव को समझ नहीं आता कि वह क्या चाहता है। अयान ऑफ़िस में प्रवेश करता है। जाटव उससे एक क़दम पीछे है।

मयंक

(जाटव के कान में)
दोनों मंगा लीजिए जाटव जी, फिर देखते हैं।

जाटव अयान के पीछे केबिन में आता है। मयंक बाहर रहता है। अयान कमरे में चारों तरफ़ देखता है और अपनी कुर्सी में गिर पड़ता है।

एसआई जाटव

(हिचकते हुए)
सर प्रमोद और मिश्रा को भेज दूं ब्रीफ़िग के लिए?

अयान कुछ जवाब नहीं देता। छत पर लगे पंखे से चरमराने की आवाज़ आ रही है। अचानक :

अयान रंजन

(ऊँची आवाज़ में)
मयंक...मयंक...

मयंक तेज़ी से आता है।

मयंक

यस सर।

अयान रंजन

(गुस्से में)

ये पंखा इतनी आवाज़ क्यों कर रहा है?

मयंक

मैं कराता हूँ सर, कराता हूँ।

मयंक ये सोचकर एक पल के लिए रुकता है कि शायद अयान को और कुछ भी कहना है, फिर निकल जाता है।

अयान रंजन

(जाटव से)
एफ़आईआर क्यों नहीं लिखी थी?

एसआई जाटव

सर वो इतना सीरियस लगा नहीं था सर...

अयान रंजन

(जाटव की बात काटते हुए)
कब लगता है इतना सीरियस?

एसआई जाटव

सर इन लोगों के झूठे केस भी बहुत आते हैं सर। जनवरी में एक लड़का भाग गया था घर से। इनके कहने पे किडनैपिंग की एफ़आईआर लिख ली थी हमने। पूरे महीने इन लोगों ने...

अयान रंजन

किन लोगों ने?

वह जाटव को तीखी नज़रों से घूरता है। जाटव नीचे देखता है और कुछ नहीं कहता। एक बीट। अयान गहरी साँस भरता है।

अयान रंजन

(बेचैन)
तीसरी लड़की का एफ़आईआर करवाओ। अभी।

एसआई जाटव

सर।

मयंक वापस आता है।

अयान रंजन

और प्रमोद को...और वो क्या नाम है...

एसआई जाटव

मिश्रा।

अयान रंजन

भेजो दोनों को।

एसआई जाटव

सर...

वो बाहर चला जाता है। एक बीट। हम अयान के चेहरे पर रुकते हैं। वह बेचैन और निष्कपट दिखता है।

अन्दर/बाहर। सरकारी अस्पताल लालगांव - दिन

एक पुराने सरकारी अस्पताल के आगे एक एम्बुलेंस खड़ी है। वार्ड बॉयज़ शवों को अन्दर ले जा रहे हैं। चार पुलिस वाले ये सब देख रहे हैं। उनमें से एक सुक्खा सिंह है जिसका फ़ोन तब बजता है जब डॉक्टर मालती, 32, सारे काम का संचालन देखती हैं।

बाहर। अयान का ऑफ़िस/हॉस्पिटल एक्सटीरियर - दिन

जीप ऑफ़िस के बाहर पहुँचते ही ब्रह्मदत्त उतरता है। वो फ़ोन पर सुक्खा सिंह से बात कर रहा है। कुछ कुत्ते दौड़ते हुए ब्रह्मदत्त के पास आते हैं।

ब्रह्मदत्त सिंह

डॉक्टर साहब हैं सामने? बात करवाओ।

सुक्खा सिंह

अवधेश बाबू को तो मलेरिया हुआ है।

ब्रह्मदत्त सिंह

तो पोस्टमार्टम तुम करोगे?

ब्रह्मदत्त अपनी जेब से बिस्कुट का एक पैकेट निकालता है और कुत्तों को खिलाता है और आख़िरी अपने लिए बचा लेता है।

सुक्खा सिंह

वो उनकी असिस्टेंट हैं, डॉक्टर मालती राम।

ब्रह्मदत्त सिंह

(घृणा से, ताने मारते हुए)
भीम राव आंबेडकर की जय हो।

एक असिस्टेंट आता है और कान में कुछ कहता है।

असिस्टेंट

प्रभात समाचार वाले नवीन जी बैठे हैं।

ब्रह्मदत्त सिंह

(अपने जूनियर से, गुस्से में)
साला पेड़ पे लटका के पोस्टर बना दिया मीडिया के लिए...

उसके बिस्कुट ख़त्म हो गए हैं। वो अपने ऑफ़िस में जाता है और रास्ते में अपने हाव-भाव पूरी तरह बदल लेता है।

ब्रह्मदत्त सिंह

(ख़ुद जो कह रहा है उस पर रत्ती भर भी भरोसा नहीं)

ऑनर किलिंग है।

ब्रह्मदत्त अपने केबिन में जर्नलिस्ट के साथ बैठा है।

ब्रह्मदत्त सिंह

दोनों कज़िन लड़कियाँ थीं, अब बचपने में हो गया होगा कुछ संबंध। आजकल सनी लेवनी वगैरह घर-घर में घुस गई है। बापों को पता चल गया, बर्दाश्त नहीं हुआ, लटका दिए। ये बयान नहीं दे रहे हैं...सूत्रों से पूछ के बता रहे हैं... समझ रहे हैं न?

अन्दर/बाहर - अयान का ऑफ़िस/ अयान की कार - शाम

अयान काम ख़त्म करके घर जा रहा है। ब्रह्मदत्त, मिश्रा और मयंक उसे कार तक छोड़ने आते हैं।

ब्रह्मदत्त सिंह

सर, गाँव में तो शान्ति है अब इन फ़ैक्ट। सुबह पेपर में भी आ जाएगा ऑनर किलिंग बता के।

अयान रंजन

पेपर वालों से बात की आपने?

ब्रह्मदत्त सिंह

नहीं सर।

अयान रंजन

पोस्टमार्टम रिपोर्ट कब तक आएगी?

ब्रह्मदत्त सिंह

आ जाएगी सर इन फ़ैक्ट। पर वो क्लियर है,

उसमें नया कुछ आना नहीं है।
(एक बीट)
हम ख़ुद जल्द चाहते हैं सर। देर करेंगे तो शान्ति प्रसाद जी को आप जानते हैं नहीं। वो आके धरने पे बैठ जाएँगे। सरकार में रहते हैं तब तो अपनी मूर्ति पे मूर्ति बनवाते हैं...और विपक्ष में रहते हैं तो दलित हो जाते हैं।

अयान उसे देखता है।

अयान रंजन

पोस्टमार्टम रिपोर्ट आते ही मुझे फ़ोन करिए।

ब्रह्मदत्त सिंह

सर।

ब्रह्मदत्त उसे सेल्यूट करता है। अयान कार में बैठने ही वाला होता है कि उसे कुछ याद आता है। वह रुकता है और ब्रह्मदत्त की तरफ़ मुड़ता है।

अयान रंजन

वो लड़की कुछ भी करके ढूंढ़नी है मुझे।

ब्रह्मदत्त सिंह

कौन लड़की सर?
(एक बीट)
ओह...हाँ हाँ हाँ सर, ऑफ़ ऑफ़ कोर्स सर। सॉरी सर...आपको...

अयान हैरानी से उसकी ओर देखता है। ब्रह्मदत्त समझ जाता है कि उसने भारी भूल की है। अयान कार में बैठता है।

अयान रंजन

हरिमनपुर के अलावा और कौन से गाँव हैं उस पेड़ के पास?

ब्रह्मदत्त सिंह

दो और हैं सर। अपारा और छटनी।

अयान रंजन

तीनों गाँव में आदमी भेजिए। एक-एक आदमी से बात करो। किसी ने कुछ देखा हो...
(मयंक से)
तुम और जाटव रेज़िडेंस पे आके मिलो।

यह ब्रह्मदत्त को और असहज कर देता है। मयंक हाँ में सर हिलाता है। कार आगे बढ़ जाती है। बाद में कार में, ऑफ़िस परिसर के ठीक बाहर।

अयान रंजन

निहाल, सत्येन्द्र राय का फ़ोन नहीं लग रहा है। उनके घर जाके बोलो कि मुझे फ़ोन करें।

चन्द्रभान रोकता है। निहाल उतर जाता है।

बाहर। अयान का घर - मिनट्स लेटर

अयान की कार घर में घुसती है और अयान की नज़र गेट पर मौजूद कुछ गाँव वालों पर पड़ती है - चार आदमी और गौरा, वही लड़की जो पिछली रात पुलिस हेडक्वार्टर पर थी। अयान कार से उतरता है। उसकी आँखें गौरा की आँखों से मिलती हैं।

बाहर। अयान का घर/लॉन - मोमेंट्स लेटर

अयान कुर्सी पर बैठा है और गाँव वाले उसके सामने हाथ जोड़े खड़े हैं। दो अधेड़ उम्र के, दो जवान और गौरा। गौरा ने हाथ नहीं जोड़े हैं।

ननकू राम

साहब जो बड़ी लड़की थी शानू, वो मेरी थी, छोटी वाली ममता

(दूसरे आदमी की तरफ़ इशारा करते हुए)
इसकी थी, महेंदर। हमारी बेटियों का हत्या हुआ है और हमीं पे केस बना रहे हैं।

अयान रंजन

अरे हाथ मत जोड़िए आप लोग, अरे पानी पिलाओ इन लोगों को।

अर्दली पानी लेने जाता है।

अयान रंजन

(धीमे)
मुझे बहुत अफ़सोस है...

गौरा

होना भी चाहिए सर।

अयान रंजन

(और जिज्ञासु)
आपका नाम क्या है?

गौरा

गौरा।

लड़का 1

पूजा इसकी बहन है सर।

लड़का 2

पूजा को ढूंढ़ दीजिए सर। हम हाथ जोड़ते हैं आपके सामने।

अर्दली एक जग में पानी लेकर आता है। महेंदर मना कर देता है। ननकू ओक से पानी पीता है। अयान ये सब देख कर हैरत में है।

अयान रंजन

(आराम से)
गिलास नहीं है?

अर्दली

साहब गिलास से पीएंगे नहीं ये लोग आपके सामने।

वे पानी पी लेते हैं।

ननकू राम

हमारी बेटी का...
(रोने लगता है)
रात भर रख के छोड़ देते तो भी...
(साँस अटकती है)
पर लटका दिया पेड़ पे साहब।

यह अयान को असहज करता है।

महेंदर

दो दिन से हमारी कोई सुन लेता न साहब...तो बच जाती हमारी बच्ची।

अयान उनकी दिक्कत समझ रहा है लेकिन उसके पास कहने को कुछ नहीं है।

अयान रंजन

पोस्टमार्टम रिपोर्ट आने दो। मैं देखता हूँ फिर।

गौरा

(बात काटते हुए)
अंशु नेहरिया ने थप्पड़ मारा था पूजा को... इसीलिए ब्रह्मदत्त ने एफ़आईआर नहीं लिखने दिया...

लड़का 2

शानू और पूजा सड़क बनाने में काम कर रही थीं।

अयान रंजन

कब मारा?

लड़का 2

एक हफ़्ते पहले।

अयान रंजन

क्यों?

गौरा

उन्होंने दिहाड़ी में 3 रुपये बढ़ाने को बोला था।

अयान रंजन

(भरोसा नहीं कर पाता)
कितने?

गौरा

3 रुपये...25 था एक दिन का। 28 माँग रही थी। गाँव के सब बच्चों ने तय किया था कि अट्ठाइस से कम में काम नहीं करेंगे।

अयान रंजन

ये बच्चों ने तय किया था?

गौरा

नहीं, मैंने इकठ्ठा कर के बताया था। फिर एक-दो और गाँवों के बच्चों से बात हुई थी। चमड़ा फ़ैक्ट्री वाला दे रहा था अट्ठाइस।

अयान रंजन

फिर?

गौरा

उसने मारा। उसके बाद उन्होंने काम छोड़ दिया। चमड़ा फ़ैक्ट्री में शुरू कर दिया। 28 रुपये रोज़।

अयान रंजन

उसके बाद? बाकी बच्चे 25 रुपये पे करते रहे?

गौरा

दो-चार और बच्चों ने भी छोड़ दिया था...

अयान को थोड़ा समझ आता है।

अन्दर/बाहर। अयान का घर - लेटर

जैसे ही गाँव वाले जाने लगते हैं, मयंक और जाटव आते हैं। कुछ दूरी से अयान देखता है कि गौरा बहुत गुस्से में दोनों पर चिल्ला रही है। मयंक गौरा को गले लगाता है। गौरा और गाँव वाले चले जाते हैं। मयंक और जाटव अयान के पास आते हैं।

अयान रंजन

क्या हुआ?

मयंक

कुछ नहीं सर वो...ये लड़की गौरा...मेरे स्कूल में ही पढ़ती थी...हरिमनपुर में ही पढ़ा हूँ न सर मैं 9th क्लास तक...

अयान रंजन

ओह...

जाटव

हमारे पिताजी भी वहीं कार्यरत थे सर...इस कारण से जानते हैं।

अयान रंजन

(हैरानी से)
और आप लोगों ने फिर भी एफ़आईआर नहीं लिखी?

उनके पास कोई जवाब नहीं है। उनके चेहरों पर शर्म की एक झलक। जाटव ख़ुद को उचित ठहराने की कोशिश करता है।

जाटव

(हड़बड़ाता है)
वो सर...हमको कानपुर केस से टाइम नहीं मिल रहा था और फिर ब्रह्मदत्त जी ने...

अयान रंजन

(बीच में बात काटते हुए)
अभी लिखी एफ़आईआर?

जाटव

हाँ सर, अभी तो लिखी है।

अयान रंजन

(बीच में बात काटते हुए)
अब इस लड़की को ढूंढना है। गौरा से एक एक डिटेल लो...फ़ोन था तो फ़ोन रिकॉर्ड निकालो। मामा चाचा, पड़ोसी, दोस्त, हर एक का बयान लो। चमड़ा फ़ैक्ट्री जा के सुपरवाइज़र से बात करो। कौन-कौन दोस्त थे। किनके साथ घर जाती थीं। 12 तारीख को कितने बजे निकलीं। कौन-कौन था साथ में। और अंशु नेहरिया कहाँ था 12-13 तारीख को। सब।

मयंक

मैं भी सर?

अयान रंजन

(रूखा)
क्यों? तुमसे नहीं होगा?

मयंक

नहीं सर...किया नहीं है सर...पर कर लूँगा...

जाटव

वैसे सर, कुछ लड़का-लड़की वापस आ जाते हैं सर। और सच बताऊँ सर, हम और आप इन लोगों का कितना भी कर लें...

अयान रंजन

(बीच में बात काटते हुए, गुस्से में)
साला ये कौन लोग हैं? जुपिटर से आए हैं ये? इनका ऐसा है, इनका वैसा है। कौन हैं ये लोग जो जाते हैं तो लगता है वापस आ जाएँगे, और फिर ख़ुद जाके पेड़ पे लटक जाते हैं।

ये एक अलग अयान है।

अयान रंजन

गैट द फ़क आउट ऑफ़ हियर नाउ...

जाटव और मयंक चकित रह जाते हैं। जाटव को समझ नहीं आता। मयंक उसका हाथ पकड़ता है और उसको बाहर ले आता है।

जाटव

क्या बोले?

मयंक

(शब्दों के बीच में जगहों के साथ)
गैट द फ़क आउट ऑफ़ हियर।

जाटव

हमको लगा गाली दिए...

मयंक

नहीं, बोले जाओ यहाँ से।

जाटव

(ख़ुद से)
गैट फ़क आउट।

अन्दर। अयान का घर - लेटर

अयान अपनी शर्ट उतारता ही है कि अमली एक कप चाय के साथ आती है। वो एकदम से जाने लगती है।

अयान रंजन

आ जा बेटा। रख दे।

वो उसको सहज करता है। वो फिर आती है और कप को एक टेबल पर रखती है।

अमली

भैया, रात के लिए भिंडी बनाएं या परवल?

अयान एक टी-शर्ट पहनता है।

अयान रंजन

जो अच्छा बनाती हो वही बना दो।

अमली

हम तो सब अच्छा बनाते हैं।

अयान के चेहरे पर मुस्कराहट आती है।

अयान रंजन

निहाल तुम्हारा सगा भाई है?

अमली

जी।

अयान रंजन

पढ़ाई नहीं की?

अमली

8 तक पढ़ी हूँ भैया। अभी इंग्लिस भी सीख रही हूँ।

अयान रंजन

इंग्लिस नहीं, इंग्लिश बोलते हैं।

अमली

समझ में आना चाहिए भैया, बोल तो कैसे भी सकते हैं।

अयान मुस्कुराते हुए हाँ में सिर हिलाता है, एक मैसेज टाइप करता है। वो बाहर जाती है, फिर मुड़ती है।

अमली

भैया, वो अंशु नेहरिया के घर से मटन भी आया है आपके लिए।

ये उसे अशांत करता है। अचानक उसका फ़ोन बजता है।

अयान रंजन

हाँ निहाल।

बाहर। सत्येन्द्र का घर - सेम टाइम

निहाल दरवाज़े पर खड़ा है। उसके साथ गर्भवती अर्चना है।

निहाल सिंह

सर सत्येन्द्र जी तो नहीं हैं। मैडम से बात कर लीजिए।

वो फ़ोन अर्चना को देता है।

इंटरकट - फ़ोन कन्वर्सेशन

अयान रंजन

हेलो भाभी, कहाँ है सत्येन्द्र?

अर्चना

वो सुबह के निकले हुए हैं भैया। तब से फ़ोन भी नहीं मिल रहा है उनका।

अयान रंजन

क्या बोल के गया?

अर्चना

कुछ नहीं। बस 4 बजे उठे और गाड़ी लेके निकल गए।

अयान रंजन

4 बजे? 12 बजे तो मैंने छोड़ा था उसे।

अर्चना

बस थोड़ी देर सोये, फिर फ़ोन आया था किसी का। कुछ बताया भी नहीं।

अयान चिंतित दिखता है।

अन्दर/बाहर। सरकारी अस्पताल
कानपुर देहात - रात

जब शहर शांत और सोया हुआ है, ब्रह्मदत्त अपनी जीप से अस्पताल पहुँचता है। जीप से उतरता है। सुक्खा सिंह, जो किसी से बात कर रहा था, दौड़ते हुए उसके पास आता है और साथ ही आवारा कुत्ता भी। ब्रह्मदत्त बिस्कुट का एक पैकेट निकालता है और कुत्ते को खिलाता है और ध्यान देता है कि सुक्खा सिंह निहाल सिंह से बात कर रहा था।

ब्रह्मदत्त सिंह

तुम यहाँ क्या कर रहे हो बे?

निहाल सिंह

साहब सत्येन्द्र के घर भेजे थे।

ब्रह्मदत्त सिंह

तो?

निहाल सिंह

सुबह 4 बजे से लौटा नहीं है वो...

ब्रह्मदत्त और निहाल एक-दूसरे को देखते रहते हैं। उनके बीच कुछ और भी है जो हम नहीं जानते।

ब्रह्मदत्त सिंह

(सुक्खा से)
कितना टाइम भाई पोस्टमार्टम रिपोर्ट में। एडिशनल साहब को रिपोर्ट चाहिए।

सुक्खा सिंह

बस अभी हो जाएगा साहब।

अन्दर। सरकारी अस्पताल कानपुर देहात/शवगृह - रात

मालती राम, 32, एक शेड्यूल कास्ट डॉक्टर जो एक असिस्टेंट के तौर पर कई पोस्टमार्टम में शामिल रही है, उसने बिलकुल अभी स्वतंत्र रूप से पहली बार अपने दो पोस्टमार्टम ख़त्म किए हैं। वो अपने सर्जिकल ग्लव्स निकालती है और अपने हाथ धोती है। उसके पीछे दोनों शव सिले जा रहे हैं। वो एक टॉवल से अपने हाथ सुखाती है और एक स्लोप पैड उठाती है।

अन्दर। सरकारी अस्पताल कानपुर देहात/ कॉरिडोर/ऑफ़िस - रात

सुक्खा के साथ ब्रह्मदत्त पैदल कॉरिडोर से चल कर ऑफ़िस में आता है जहाँ डॉक्टर मालती एक प्रिंट आउट ले रही है।

सुक्खा सिंह

डॉक साहब, सीओ सर श्रीमान ब्रह्मदत्त सिंह।

मालती एक बहादुर लड़की है लेकिन वो जानती है कि वो किस परिस्थिति का सामना कर रही है।

मालती राम

प्रोविज़नल रिपोर्ट बना रही हूँ। डिटेल रिपोर्ट कल शाम तक बनेगी।

वो अभी भी अपने नोट पैड को देखते हुए डेटा टाइप कर रही है।

ब्रह्मदत्त सिंह

क्या लिखी हैं?

मालती राम

रेप है। गैंग रेप है। कई दिन तक किया गया है। दो-तीन दिन। फिर ज़िंदा लटका दिया गया है।

ब्रह्मदत्त सिंह

(उसके विद्रोह से हैरान)
अवधेश बाबू से बात हुई है आपकी?

मालती राम

हुई है।

ब्रह्मदत्त सिंह

तब?

मालती राम

हम नहीं कर सकते जो वो कह रहे थे।

ब्रह्मदत्त सिंह

आप भावुक हो रही हैं मालती जी। आप क्या कीजिए कि फ़ेसबुक पर कोई कविता-वविता लिख डालिए, निकल जाएगा। पर यहाँ राइटिंग मत कीजिए।

मालती राम

मैं अपना काम कर रही हूँ ब्रह्मदत्त जी...

ब्रह्मदत्त सिंह

कमाल कर रही हैं आप।
(सुक्खा से)
अवधेश बाबू से बात कराओ भाई।

सुक्खा अवधेश को फ़ोन लगाता है।

ब्रह्मदत्त सिंह

डॉक्टर साहब, यहाँ तो नारी शक्ति आन्दोलन हो रहा है। अब ये टाइम आ गया है कि आप लोग पोस्टमार्टम अपने मन से लिखेंगे? ज़िला कैसे

चलेगा अवधेश बाबू? मैडम जो रिपोर्ट बना रही हैं, वो एडिशनल साहब के पास चला गया तो अभी हुआ है मलेरिया, फिर टाइफाइड होगा और मरेंगे आप किसी अज्ञात कारण से।

कॉरिडोर में, ब्रह्मदत्त गुस्से में जा रहा है। सुक्खा उसके साथ चलने की कोशिश करता है।

ब्रह्मदत्त सिंह

ये इसका कोटा प्रेम है सुक्खा सिंह। विक्टिम भी कोटा का विक्टिम है और डॉक्टर भी कोटा की डॉक्टर। इनको डॉक्टरी पढ़ाते हैं हम अपने टैक्स के पैसे से।

बाहर निकलते समय, वो ननकू और महेंदर को देखते हैं जो अपनी लड़कियों के शव का इंतज़ार कर रहे हैं। वो उठ खड़े होते हैं। उनके हाथ जुड़े हैं। ब्रह्मदत्त वहाँ ज़रा देर के लिए रुकता है।

ब्रह्मदत्त सिंह

तुम लोगों को समझ में नहीं आता?
(एक बीट, घृणा में हाथ जोड़ता है)
भाई साहब हो जाओ फ़रार।

बीट। हाथ जोड़े खड़े दोनों पिता उसे देखते रहते हैं।

ब्रह्मदत्त सिंह

मन नहीं कर रहा?

बीट। उनकी भावहीन बेचारा चेहरा।

ब्रह्मदत्त सिंह

(धमकाते हुए)
ठीक है फिर।

वे बस उसे देखते रहते हैं।

बाहर। पतली सड़क - रात

जाटव और मयंक जीप में हैं। जाटव चला रहा है। घना अंधेरा है। हेडलाइट भी कमज़ोर है जिससे आगे का रास्ता बहुत मुश्किल से नज़र आ रहा है।

एसआई जाटव

ये एससी एसटी लोगों का क्या समस्या है, मालूम है मयंक? हम तो इनसाइडर हैं। 40 साल से देख रहे हैं।

मयंक ध्यान से उसकी ओर देखता है।

एसआई जाटव

जैसे हम जैसे किसी ने नौकरी पाई न तो बाकी सब को लगता है कि ये हमारा अजय देवगन हो गया। ये मादरचोद करेगा अब हमारी रच्छा।

मयंक

आप पर तो चढ़ ही गई थी गौरा।

एसआई जाटव

साला ऐसी बस्ती में रहोगे...जहाँ हगोगे वहीं खाओगे, वहीं जानवर छिले पड़े हैं। ऐसी जगहों पे लड़कियाँ सुरच्छित रहेंगी क्या? इतिहास उठाके देख लो। कभी रही हैं? तुम अपना जीवन सुधारोगे नहीं। और हम बन जाएँ राजा राम मोहन राय। सब कुछ दाँव पे लगा के।
(एक बीट)
मयंक, तुमने देखा है हमने कितनी मुश्किल से अपनी पोजीशन बनाई है समाज में...झाड़ू लगाते थे हम लोगों के सामने...

अचानक एक आग का गोला जीप की सामने वाली खिड़की से टकराता है। जीप झटके से रुक जाती है। दोनों के बीच में एक तरह

की चुप्पी है। जीप के हुड पर आग का गोला पड़ा जल रहा है। जल्द ही यह आग बढ़ेगी। और तभी चारों तरफ़ से और गोले पड़ते हैं। मयंक और जाटव जीप से बाहर कूद जाते हैं। जीप में आग लग जाती है। जीप के पास पांच जवान लड़के झाड़ियों से झांकते हैं। जैसे ही जाटव अपनी गन निकालता है, वो देखता है कि वो चार आदमियों से घिर गया है। जाटव उस आदमी से बात करता है जो अपने मुँह पर कपड़ा बाँधे खड़ा है।

जाटव

ऐ नोखाई...तुम लोग साला पुलिस पे हमला करेगा अब?

नोखाई

बड़ा पुलिस हो गए हैं आप? जाटव रही नहीं गए हैं। दिख नहीं रहा आपको? हत्या हुई है।

जाटव

तो हत्या ही करोगे?

नोखाई

हत्या नहीं करते हम लोग। बन्दूक नीचे कर लीजिए। बिछिया गाँव होके निकल जाइए, छोटा पड़ेगा। पुल चालू हो गया है।

वे एक-दूसरे को देखते रहते हैं।

अन्दर। अयान का घर - रात

आँगन में - अर्दली के साथ चन्द्रभान आता है और अयान के सामने खड़ा हो जाता है। अयान अर्दली को जाने का इशारा करता है और वो चला जाता है।

अयान रंजन

अंशु नेहरिया की किस-किस से दोस्ती है डिपार्टमेंट में?

चन्द्रभान चुप रहता है।

अयान रंजन

(चन्द्रभान से)
पता तो मैं कर ही लूँगा चन्द्रभान। तुम नहीं बताओगे तो इसी बहाने तुम्हें भी थोड़ा जान जाऊँगा।

चन्द्रभान

वो बात नहीं है सर। पैसे वाला है, एमएलए का ख़ास है तो सभी दोस्त हैं उसके। पिताजी भी बड़े आदमी थे।

अयान उसकी ओर देखता रहता है। उसे और जानना है।

चन्द्रभान

ताक़तवर आदमी है सर। आपके पहले सुबोध लाल जी का भी ख़ास ही था।

अयान रंजन

ब्रह्मदत्त?

चन्द्रभान हाँ में सिर हिलाता है।

अयान रंजन

और जाटव?

चन्द्रभान

वो तो शून्य है सर। ज़ीरो। निष्क्रिय रहता है। सही काम नहीं भी किया तो ग़लत काम नहीं करेगा।

अयान का फ़ोन बजता है।

अदिति (V.O.)

आई एम सॉरी...

अयान रंजन (TYPES V.O.)

नो आई एम सॉरी...शायद तुम ही सही कह रही थीं...आई विल डू माय बेस्ट।

बाहर। दफ़नाने की जगह - सुबह

ये नदी के पास की एक सुंदर सुबह है। सब कुछ सुंदर है सिवाय दो रोती औरतों की जान निकाल देने वाली आवाज़ के। नदी के पास परिवार और गाँव वाले दोनों शवों को दफ़नाने की तैयारी करते हैं। औरतें कुछ मीटर की दूरी पर बैठी हैं। दोनों शव अभी भी लाल सील में शवगृह के सफ़ेद कपड़े में लिपटे हैं। बस उनके चेहरे दिख रहे हैं। शवों को कब्र में डाला जाता है। कब्रों को भर दिया जाता है। तभी सुक्खा आता है और एक दूरी पर रुक जाता है। कब्रों को अभी भी भरा जा रहा है। सुक्खा सिंह ननकू और महेंदर के पास जाता है। सुक्खा दोनों को जीप तक ले जाता है और जीप चली जाती है।

बाहर। रोड/जली हुई जीप - सुबह

करीब सौ मीटर की दूरी पर गाढ़ा काला धुआँ जली हुई जीप से निकल रहा है। जाटव घटना के बारे में एक पुलिस वाले को बता रहा है जो एक रजिस्टर में सब लिख रहा है।

जाटव

हम लोग चमड़ा फ़ैक्ट्री से गुमशुदा लड़की के बारे में तफ़्तीश करके लौट रहे थे। अचानक एक जूट का आग का गोला जीप पर आके...नहीं-नहीं, लिखिए सड़क के दोनों तरफ़ से आग के गोले गिरे और जीप ने आग पकड़ लिया।

जली हुई जीप के पास, ब्रह्मदत्त की देख-रेख में आग बुझाई जा रही है। अयान की कार जाटव के पास आकर रुकती है। अयान बाहर निकलता है। मयंक उसके पास जाता है।

अयान रंजन

ठीक हो तुम?

अयान वहाँ जाता है जहां जाटव पूरा ब्योरा दे रहा है। अयान रजिस्टर लेता है और पढ़ने लगता है। ब्रह्मदत्त का ध्यान अयान पर जाता है और वो पास ही खड़ी अपनी जीप से एक फ़ाइल लेने के बाद अयान के पास जाता है।

अयान रंजन

जाटव जी जूट का गोला अगर जला के फेंका
गया तो वो लोग दस फुट से ज़्यादा दूर नहीं थे,
फिर आप लोगों ने देखा कैसे नहीं किसी को?

जाटव पकड़ा जाता है। जो वो पहले बता चुका है उसका खंडन करने में डर रहा है।

जाटव

सर मुँह पे फाटा बाँधे हुए थे सब।

ब्रह्म्दत्त उनकी तरफ़ बढ़ रहा है।

अयान रंजन

फिर? बन्दूक है तुम्हारे पास?

मयंक

उनके पास भी थी सर।

अयान रंजन

फिर? गोली चलाई किसी ने?

जाटव

नहीं सर। गोली नहीं चली।

अयान रंजन

क्यों? किसी ने भी गोली क्यों नहीं चलाई? जाटव

जी, ग़लत बयान लिखाया है आप ने। साइन कीजिए।

अयान रजिस्टर उसकी तरफ़ बढ़ाता है। वे चुप हैं, मयंक चाहता है कि जाटव बोले लेकिन वो नहीं बोलता। लेकिन फिर बोलता है।

अयान रंजन

(ऊँची आवाज़ में)
साइन कीजिए...करेंगे?

जाटव

निषाद के लोग थे। बीएसएस।

अयान को समझ नहीं आता।

अयान रंजन

कौन निषाद?

जाटव

भीम संघर्ष सेना सर। कह रहे थे कि गाँव के लोगों से ननकू और महेंदर के ख़िलाफ़ गवाही दिलाने की कोशिश हो रही है।

अयान ब्रह्मदत्त को क़रीब आते देखता है और समझ जाता है कि उसे ये बात जल्दी से यहीं ख़त्म करनी पड़ेगी। वो उनकी तरफ़ देखता है।

अयान रंजन

उस कोशिश में तुम लोग कहाँ खड़े हो, ये मुझे क्लियरली बता दो।

जाटव

जहां आप कहेंगे, वहीं खड़े हैं सर।

ब्रह्मदत्त फ़ाइल लेकर पहुँचता है।

ब्रह्मदत्त सिंह

बीएसएस है सर। निषाद के लड़के हैं। लोकल नेता है सर। दलितों का भगत सिंह बनता है। पिछले साल जेल में भो रहा था, इन फ़ैक्ट नेशनल सिक्यूरिटी एक्ट लगा था सर उसपे। ज़मानत पर है पर अंडरग्राउंड रहता है।

वो अयान को फ़ाइल देता है। अयान फ़ाइल खोलता है और मयंक और जाटव को घूरते हुए जली हुई जीप की तरफ़ बढ़ता है। ब्रह्मदत्त भी साथ चलता है। निहाल एक निश्चित दूरी पर उनके पीछे चलता है। चन्द्रभान अयान की कार में पीछे-पीछे आता है।

ब्रह्मदत्त सिंह

फ़ाइल क्लोज़ कर सकते हैं सर। लड़कियों के बापों की रिमांड मिल गई है सात दिन। पूछताछ करेंगे। गाँव के चार लोगों की गवाही है इसमें सर कि दोनों बाप पीटते थे इन लड़कियों को इसी कारण से। केस साल्व्ड है सर इन फ़ैक्ट।

अयान उसे अजीब तरह से देखता है और फ़ाइल पढ़ने लगता है।

अयान रंजन

पोस्टमार्टम रिपोर्ट कहाँ है?

ब्रह्मदत्त सिंह

आ जाएगी सर। बॉडी भी इन फ़ैक्ट दफ़न हो गई है सर। रिपोर्ट शाम को आपको देता हूँ। फ़ाइल क्लोज़ कर सकते हैं सर इन फ़ैक्ट।

अयान अब तक खेल समझ चुका है।

अयान रंजन

(सांस भरते हुए)
अंशु नेहरिया कौन है?

इससे ब्रह्मदत्त चौंकता है लेकिन नॉर्मल रहता है।

ब्रह्मदत्त सिंह

अंशु से तो आप मिले थे सर, जब बाथरूम जो...

अयान रंजन

उसे लेके आइए ऑफ़िस में। मुझे बात करनी है।

ब्रह्मदत्त इसका जवाब नहीं देता। कुछ रुककर पूछता है :

ब्रह्मदत्त सिंह

अंशु को किस मैटर में पूछ रहे हैं सर?

अयान उसकी ओर कठोरता से देखता है। एक बीट। ब्रह्मदत्त जानता है कि अब उसे सीधे-सीधे बात करनी पड़ेगी।

ब्रह्मदत्त सिंह

(दृढ़)
जाने दीजिए सर। आप क्यों उतर रहे हैं इस सब में। दलदल है सर। अंशु का नाम आया तो सीधे रामलाल नेहरिया का नाम आएगा। सरकार उन्हीं की है सर। आपसे निवेदन है सर। सन्तुलन मत बिगाड़िए।

अयान रंजन

जब तक पोस्टमार्टम रिपोर्ट नहीं आएगी, साइन तो मैं नहीं करूँगा।

उसकी आवाज़ में एक तरह की कठोरता और भय है। अयान उसको देखता रहता है, चन्द्रभान ने कार ठीक उसके पीछे रोकी हुई है। ब्रह्मदत्त के हाथ अभी भी जुड़े हुए हैं। कुछ दूरी से, एक मोटर बाइक पर अपना चेहरा छुपाए दो लड़के पास आते हैं। अयान और ब्रह्मदत्त दोनों अनजान। किसी कारण से वे दो लड़के कुछ अराजक लगते हैं लेकिन वे बस निकल जाते हैं। अयान अपनी कार में बैठता है। ब्रह्मदत्त कार की खिड़की के पास खड़ा है।

ब्रह्मदत्त सिंह

वेल विशर हैं सर आपके। इसलिए निवेदन करते

हैं। दलदल है सर। मत घुसिए सर। एक बार घुस गए तो निकल नहीं पाएँगे। हम हाथ जोड़ रहे हैं आपके सामने। घुसके निकल नहीं पाएँगे सर। एक बार घुस गए तो निकलना नहीं आएगा।

अयान की कार निकल जाती है। ब्रह्मदत्त मुड़ता है और जाटव की ओर देखता है। उसकी तरफ़ तेज़ी से जाता है। आसपास उसके आदमी थोड़ा हैरान होते हैं जब ब्रह्मदत्त दौड़ने लगता है और जाटव तक पहुंचकर उसकी शर्ट पकड़ता है और उसको एक जीप के पीछे ले जाता है। केवल वे दो। ब्रह्मदत्त अपने होशोहवास से बाहर।

ब्रह्मदत्त सिंह

दिमाग़ ख़राब हो गया है तुम्हारा। बहुत तफ़्तीश की इच्छा हो रही है तुम्हारी? पूछने की ज़रूरत नहीं लगी तुमको?
(और ऊँची आवाज़ में)
पूछा क्यों नहीं हमसे? वो चले जाएँगे चार महीने में, तुम को हम को जीवित रहना है यहाँ। समझ रहे हो न कि अंशु का नाम आया तो क्या होगा? समझ रहे हो कि नहीं?

जाटव

सर, वो कहेंगे तो जवाब देना पड़ेगा न? लाल साहब से ब़ात किए क्या हम कभी? आपके पीछे रहे हैं जीवन भर। पर वो बोलेंगे तो उनको हम कैसे मना करें? आप कर दीजिए...हमारी तरफ़ से।

अन्दर/बाहर। रोड/अयान की कार - मोमेंट्स लेटर

कच्चे रास्तों पर अकेली कार घटना के स्थान से दूर निकल जाती है। अयान कार में। फ़ाइल पढ़ते हुए।

अयान रंजन

हरिमनपुर की तरफ़ मोड़ लो।

निहाल और चन्द्रभान हैरान हैं लेकिन कुछ कहते नहीं। चन्द्रभान रेडियो चला देता है। कार एक पतले रास्ते पर मुड़ती है।

चन्द्रभान

माई बोलती थी सर...समाज का विधान है...राजा होता है, प्रजा होती है, सेवक होता है, दास होता है, बंधक होता है। इस सब का सन्तुलन है सर एक। ब्रह्मा ने बनाया है। संस्कृत में। हम लोगों को अधिकार नहीं है ये सन्तुलन बिगाड़ने का।

अयान खिड़की से बाहर देख रहा है। स्कूल बैग टाँगे दो ख़ुश बच्चे हँसी-मज़ाक करते हुए निकल रहे हैं।

चन्द्रभान

और सर...सब बराबर हो जाएँगे तो राजा कौन बनेगा?

अयान रंजन (TYPES V.O.)

सब बराबर हो जाएँगे तो राजा कौन बनेगा?

अदिति (V.O.)

लेकिन राजा बनाना ही क्यों है?

बाहर। लालगांव - लेटर

अयान दलित गाँव वालों के बीच में है — गौरा और बाकी गाँव वाले।

अयान रंजन

कौन-कौन जानता है निषाद को?

कोई जवाब नहीं देता। गौरा भी चुप है। वो अयान को घूर रही है। उसकी आँखों में गुस्सा है। अयान फ़ाइल से चार नाम पढ़ता है।

अयान रंजन

मातादीन, शिशुपाल, लच्छा और दीनू दामा...
गवाही दी है इन लोगों ने...कहाँ हैं ये लोग?

सब चुप। अयान इंतज़ार करता है। चुप्पी।

एक बूढ़ा आदमी

कल से दिखे नहीं हैं चारों।

अयान उन्हें देखता रहता है।
थोड़ी ही दूर पर - अयान की कार निकल जाती है। अयान अपने ख़यालों में डूबा हुआ बाहर देख रहा है, तभी उसका ध्यान गौरा पर जाता है जो साइकिल पर है और उनके पार निकलना चाह रही है। वो शायद उन्हें रोक न पाए।

अयान रंजन

रोक-रोक...चन्द्रभान।

चन्द्रभान ब्रेक दबाता है। कुछ देर में, गौरा उनके बराबर में आ जाती है। उसकी साँस चढ़ी हुई है। अयान उसके पास जाता है।

गौरा

मैं जानती हूँ निषाद को।

अयान रंजन

मयंक और जाटव की जान जा सकती थी कल।

गौरा

मारने के लिए हमला नहीं किया होगा उसने।

अयान रंजन

तुम भी उसके साथ काम करती हो?

गौरा

शादी करने वाली थे हम...

ये अयान के लिए किसी रहस्य के खुलने जैसा है।

अयान रंजन

मारने के लिए नहीं किया तो क्यों किया?

गौरा

बहरों को सुनाने के लिए धमाके की ज़रूरत होती है सर। 1929 में भगत सिंह ने कहा था। नागरिक शास्त्र हमने भी पड़ा है कक्षा 9 तक। निषाद ने थोड़ा ज़्यादा पढ़ लिया।

ऐसा लगता है इसके पास कहने के लिए बहुत कुछ है लेकिन ख़ुद को रोकती है। अयान के पास कोई जवाब नहीं है। एक बीट। अयान एक लम्बी सांस भरता है। वो उसको भरोसा दिलाना चाहता हैं लेकिन अब वो भी इस जगह को जान गया है इसलिए उसकी आवाज़ में वो ज़रूरी विश्वास नहीं है।

अयान रंजन

पूजा को ढूंढना शुरू कर दिया है हमने।

गौरा

(दर्द भरी मुस्कराहट)
उसका फ़ोटो तक तो है नहीं पुलिस के पास...

अयान शर्मिंदा है। वो फ़ोटो देखता है - 15 साल की मासूम बच्ची। ये फ़ोटो एक बड़े फ़ोटो से फाड़ा गया है।

बाहर। अयान का ऑफ़िस - दिन

अयान की कार आती है। वो कार से बाहर निकलता है और इससे पहले कि वो अपने कमरे की तरफ़ बढ़े, उसका ध्यान एक बह रहे मैनहोल पर जाता है। मयंक एकदम से बोलता है।

मयंक

सर कल सुबह आ रहे हैं लड़के ठीक करने। सत्येन्द्र जी की वाइफ़ आ गई हैं सर।

अन्दर। अयान का ऑफ़िस - दिन

अर्चना अयान के ऑफ़िस में एक कुर्सी पर बैठी है। वो सीधा उसे देख रही है। अयान अपनी कुर्सी पर है। मयंक अर्चना के पीछे खड़ा है।

अयान रंजन

पहले कभी किया ऐसा?

अर्चना

नहीं। घबराहट हो रही है।

अयान रंजन

आस-पास कोई रिलेटिव्स...दोस्त?

अर्चना

वो तो ज़्यादा मिलते ही नहीं किसी से।

अयान रंजन

अंशु नेहरिया से?

अर्चना

उठना-बैठना तो है। कुछ काम का सिलसिले में भी आना-जाना चलता रहता है।

अयान रंजन

मयंक, भाभी जी का नंबर नोट कीजिए, पता कीजिए कल सुबह 4 बजे किसका कॉल आया था उसको। और उसके बाद कोई फ़ोन आया

गया क्या? फ़ोन की लोकेशन ट्रेस करवाओ।
(अर्चना से)
आप घर जाइए। मैं फ़ोन करता हूँ आपको।

अयान अर्चना को जाते हुए देखता है।

अयान रंजन

इनका फ़ोन भी ट्रैक करो। और 12 तारीख की रात से मुझे अंशु नेहरिया का कॉल रिकॉर्ड चाहिए। किसको-किसको फ़ोन किया। किसका फ़ोन आया। सब।

बाहर। मार्किट स्क्वायर - दिन

शोर-शराबा। आवाज़ें। दो बिना कपड़ों के लड़कों को एक गाड़ी के पीछे बाँधा हुआ है और तीन लड़के बारी-बारी से एक मोटी लकड़ी से बुरी तरह उन्हें पीठ पर मार रहे हैं। लोग ख़ुशी-ख़ुशी वीडियो बना रहे हैं और वे दो लड़के दर्द में चिल्ला रहे हैं।

बाहर। लालगांव - दिन

अयान की कार पतली गलियों से निकल रही है।

चन्द्रभान

साहब ये दोनों महंत जी के आश्रम में काम करते थे। ऐसा बोल रहे हैं कि मंदिर के प्रांगण में बैठ के खाना खाया इसलिए मारा।
(बीट)
ये तो रोज़ की कहानी है सर। ब्रह्मदत्त जी गए हैं अस्पताल। वे सँभाल लेते।

अयान रंजन

इसी बहाने अस्पताल भी देख लूँगा और वहाँ के डॉक्टर्स भी।

अन्दर/बाहर। अस्पताल - दिन

अयान तेज़ी से कॉरिडोर से चलता हुआ डॉक्टर मालती के कमरे तक जाता है। निहाल उसके पीछे है। अयान रुकता है और निहाल को देखता है। निहाल चला जाता है। अयान उसके केबिन में जाता है। मालती उसके स्वागत में अपनी सीट से उठ जाती है।

अयान रंजन

पोस्टमार्टम आपने किया?

मालती

जी। पर रिपोर्ट डॉक्टर अवधेश बनाएँगे सर। मैं छुट्टी पर जा रही हूँ।
(सांस भरती है, व्यंग्य में)
एक्चुअली आज पता चला है कि छुट्टी पर ही थी कल।

अयान रंजन

रेप था?

मालती

गैंग रेप था सर। पर क्या फ़र्क़ पड़ता है सर?

अयान रंजन

आपके छुट्टी जाने से फ़र्क पड़ता है।
(एक बीट)
रुकने की हिम्मत है? मैं दूँगा आपका साथ।

वो उसे देखती रहती है।

अयान रंजन

आप अपनी रिपोर्ट बनाकर मुझे दीजिए। लड़कियों के सैंपल्स अपने पास रखिए। कुछ और लोगों के टेस्ट करने पड़ेंगे। मेरा एक

आदमी चौबीस घंटे आपके पीछे रहेगा। कुछ नहीं होगा आपको।

दोनों एक-दूसरे को देखते रहते हैं।

अयान रंजन

(भरोसा दिलाते हुए)
कुछ नहीं होगा।

ओपीडी में -

अपने पीछे खड़े जाटव और ब्रह्मदत्त को गवाही देते समय दीवार से सटे दो लड़के बुरी तरह रो रहे हैं। एक वार्ड बॉय उनकी पीठ पर दवाई लगा रहा है जिससे वे और ज़ोर से चिल्ला रहे हैं। अयान कमरे में आता है।

बॉय 1

हम लोग मंदिर में खाना नहीं खाए हैं सर। हम सच्ची बोल रहे हैं।

अयान बाहर निकल जाता है। मयंक और जाटव उसके पीछे जाते हैं। बाहर 3 और पुलिस वाले हैं — निहाल सिंह, मिश्रा और एक और।

अयान रंजन

इस मंदिर का क्या इशू है? कि दलित जा नहीं सकता?

एसआई जाटव

जी सर...

अयान और जाटव एक-दूसरे को देखते हैं। वो पहले से ये जानता है।

अयान रंजन

किसने मारा है? आइडैंटिफ़ाई हुआ कोई?

एसआई जाटव

महंत जी के आश्रम के लड़के हैं सर...

अयान रंजन

महंत जी कौन हैं?

मयंक

महंत जी...महंत जी हैं सर।

अयान रंजन

ऊँची जात के हैं?

मयंक

ब्राह्मण हैं सर।

अयान रंजन

और इन लड़कों की क्या जात है?

मयंक

शेड्यूल कास्ट हैं सर।

अयान रंजन

ब्रह्मदत्त की?

मयंक

ठाकुर हैं सर।

अयान रंजन

ठाकुर क्या होते हैं? ब्राह्मण, क्षत्रिय, वैश्य क्या?

निहाल सिंह

क्षत्रिय होते हैं सर।

अयान रंजन

और तू कौन है?

निहाल सिंह

मैं जाट हूँ सर। पहले नॉर्मल था, अब ओबीसी हूँ।

मिश्रा

ओबीसी हो गया तुम्हारा? फिर आन्दोलन काहे कर रहे हो?

निहाल सिंह

वो हरियाणा वाले कर रहे हैं, हरियाणा का जाट अभी भी नॉर्मल है।

अयान रंजन

और आप तो दलित हैं न जाटव जी?

एसआई जाटव

जी सर।

अयान रंजन

सेम जाति, इन लड़कों की जो है?

एसआई जाटव

नहीं सर, मैं चमार हूँ, ये पासी हैं। हम इनसे काफ़ी ऊपर आते हैं। हमारा कोई संबंध नहीं होता इनसे, न इनका छुआ खाते हैं।

अयान रंजन

और मैं आपका छुआ नहीं खाता?

एसआई जाटव

जी सर...

अयान रंजन

(मयंक से)

और तुम क्या हो?

मयंक

मैं कायस्थ हूँ सर।

अयान रंजन

कायस्थ क्या होते हैं?

मयंक

कायस्थ 4 वर्णों में नहीं आते सर, डिफ़रेंट हैं सर हम लोग।

अयान रंजन

मैं कौन हूँ?

मयंक

आप ब्राह्मण है सर।

अयान रंजन

मतलब मैं और महंत बराबर हैं?

मयंक

नहीं-नहीं सर...वो कान्यकुब्ज हैं, वो सबसे टॉप वाले ब्राह्मण हैं। आप सरयूपारीण हैं।

अयान ग़ुस्से में फट पड़ता है।

अयान रंजन

व्हाट द फ़क इज़ गोइंग ऑन हियर?

एसआई जाटव

(एकदम से)
ओके सर।

और वो जाने लगता है।

अयान रंजन

इनको क्या हो गया?

मयंक

सर मैं देखता हूँ।

मयंक जाटव के पीछे जाता है।

मयंक

क्या हुआ? चले क्यों आए?

एसआई जाटव

वो बोले ना...जाओ यहाँ से।

मयंक

ये कब बोला?

एसआई जाटव

बोले न फ़क। फ़क मतलब जाना नहीं होता?

वे देखते हैं कि अयान अपनी कार में बैठ चुका है।

बाहर। आम का पेड़ - शाम

ये जगह एकदम वीरान है। जिस डाली से दोनों लड़कियाँ लटकी थीं, अयान उसे देखता रहता है। उसके हाथ में पोस्टमार्टम रिपोर्ट है। निहाल और चन्द्रभान कार के पास इंतज़ार करते हैं। अयान का आसपास चलना कभी तो बिना किसी मक़सद के लगता है, कभी एकदम केन्द्रित। और तब वो कुछ दूरी से ही उनसे पूछता है।

अयान रंजन

हरिमनपुर कितनी दूर है यहाँ से?

चन्द्रभान

(अपनी दायीं तरफ़ इशारा करते हुए)
क़रीब दो किलोमीटर...उधर सर...

अयान रंजन

चमड़ा फ़ैक्ट्री किस तरफ़ है?

निहाल सिंह

(दूसरी ओर इशारा करते हुए)
सर उधर, छटनी गाँव से आगे, क़रीब 5 किलोमीटर होगा सर।

बीट। मयंक और जाटव दूसरी जीप में आते हैं। अयान को पास ही एक झोंपड़ी दिखाई देती है और वो उस तरफ़ बढ़ने लगता है। मयंक और जातव उसके पीछे जाते हैं।

अयान रंजन

ये क्या है?

मयंक

वो जाने दीजिये सर...

तब तक अयान झोंपड़ी तक पहुँच चुका है। अगर मयंक और जाटव का बस चलता तो वे उसको पकड़ कर रोक लेते।

मयंक

सर वहाँ जानवरों का खाल निकालते हैं हरिमनपुर वाले।

तब तक अयान जूट का पर्दा हटा चुका है। जो उसे वहाँ दीखता है, भयावह है। पशुओं के शव एक के ऊपर एक पड़े हैं।

मयंक

सर एरिया में जितने भी जानवर मर जाते हैं उनको

ये लोग यहाँ लाके उसकी खाल निकाल के टेनरी में बेचते हैं।

अयान और नहीं देख पा रहा।

एसआई जाटव

आज वो लड़कों को मारा तो...निषाद ने सब एससी, एसटी को काम करने से मना किया है सर। व्हाट्सएप्प पर उसका एक मैसेज चल रहा है।

मयंक अपना फ़ोन निकालता है और एक ऑडियो मैसेज चलाता है।

अन्दर/बाहर। मैदान/सड़क/खेत/दलदल - रात

अयान की कार खेतों के बीच से जा रही है। मयंक अपना फ़ोन आगे पकड़कर अयान के बगल में बैठा है। कार पेड़ से दूर निकल जाती है।

निषाद (V.O.)

मैं और तुम इन्हें दिखाई नहीं देते, लेकिन इनकी ज़िंदगियाँ हमारे ऊपर ही टिकी हैं। जिन खेतों में इनका अनाज उगता है वहाँ मज़दूरी तुम करते हो, इनका मैला तुम उठाते हो। इनके बच्चे तुम पैदा करते हो, इनकी लाशें तुम जलाते हो।

कार रुकती है। अयान उतरता है और खेतों की तरफ़ जाता है। मयंक उसके पीछे जाता है।

निषाद (V.O.)

इंसाफ़ की भीख मत माँगो। बहुत माँग चुके। बस जो भी काम तुम करते हो, बंद कर दो।

वे चलते रहते हैं और साथ ही दो गाड़ियाँ भी धीरे-धीरे साथ-साथ चलती हैं।

मयंक

सर वो उधर है टेनरी। लड़कियाँ वहाँ से निकलती थीं रोज़ और इस रास्ते से घर जाती थीं।

अयान रंजन

और वो पेड़ कहाँ है?

मयंक

(एकदम नयी दिशा की ओर इशारा करता है)
उधर है सर।

वे कुछ देर आसपास कुछ ढूंढ़ते रहते हैं। फिर टॉर्च की रोशनी में खेतों के बीच ढूंढ़ते हैं। कुछ देर बाद, हिम्मत हारते हुए अब अयान, चन्द्रभान और जाटव सुनसान सड़क पर खड़े निराशा से खेतों को देख रहे हैं।

चन्द्रभान

खेतों में नहीं मिलेगी सर। 3 दिन हो गए। ये देखने में बड़ा लगता है पर किसान अपनी ज़मीन का एक-एक फुट जानता है। नज़र रखता है।

अयान रंजन

पर कहीं भी...मिलेगी क्या? क्या लगता है आप लोगों को?

जाटव

ढूँढ़ना तो चाहिए सर।

वे फिर कार में हैं।

अयान रंजन

(सोचते हुए)
अगर मारना था तो दो को ही क्यों मारा?

फ़ास्ट कट - अतीत से, तीनों लड़कियाँ अपनी जान बचाने के लिए खेतों से भाग रही हैं।
चुप्पी। वे कार से उतरकर आगे बढ़ते हैं। वे एक बड़े जंगली दलदल के किनारे तक पहुँच चुके हैं। जाटव टॉर्च लेने के लिए वापस कार तक जाता है।

फ़ास्ट कट - पूजा अपना रास्ता बदल लेती है। बाकी दो असमंजस की स्थिति में रुकती हैं। ऊँची आवाज़ लगाती हैं - "पूजा"
जैसे-जैसे मयंक बोलता है, जाटव उन्हीं तरफ़ ज़रा दूरी से टॉर्च दिखाता रहता है।

मयंक

बहुत गंदा है सर ये...सूअरताल बोलते हैं, किसी टाइम पे सूअर पड़े रहते थे इसमें। पासी लोग ही कभी-कभार जाते हैं।

दलदल के पास आगे बढ़ते हुए वे लगातार ढूंढ़ रहे हैं। कुछ भी मिले जिससे कुछ पता चले। अचानक अयान को कुछ दूरी पर उजला रंग नज़र आता है। वो ध्यान से उस तरफ़ बढ़ता है। मयंक उसके पीछे जाता है। जाटव भी। वे वहाँ पहुँचते हैं और देखते हैं कि वो एक गुलाबी चप्पल है। जाटव अपना रूमाल निकालता है। अयान उससे चप्पल उठाता है।

एसआई जाटव

गुलाबी चप्पल लिखवाया था एफ़आईआर में सर।

अयान रंजन

इसको पैदल पार किया जा सकता है?

एसआई जाटव

कहीं-कहीं गहरा है सर, कहीं-कहीं नहीं भी है। लड़की नहीं घुसेगी सर इसमें।

फ़्लैश कट - पूजा दलदल में भाग रही है।

अयान रंजन

उस पार क्या है?

एसआई जाटव

इधर खेत हैं, उस तरफ़ सारा जंगल है सर।

अयान रंजन

कितना बड़ा है?

एसआई जाटव

3-4 किलोमीटर होगा सर।

अयान रंजन

जंगल में कैसे जाएँगे?

एसआई जाटव

जंगल में क्यों जाना है सर?

अयान रंजन

कैसे जाते हैं?

एसआई जाटव

नहीं जाते सर।

अयान रंजन

और कोई रास्ता है जंगल में जाने का?

एसआई जाटव

यही पार करके जाना होगा सर। घिरा हुआ है चारों तरफ़ से दलदल से।

एक बीट।

एसआई जाटव

हम भी कभी नहीं गए सर अन्दर तो।

अयान आसपास देखता है, फिर थोड़ी दूरी पर जंगल की तरफ़ देखता है।

बाहर। लालगांव की सड़क - सुबह

अयान के ऑफ़िस की तरफ़ जाने वाली सड़क पर एक कूड़े का ट्रक आता है। दो आदमी ट्रक के पीछे का शटर खोलते हैं और कूड़ा सड़क पर गिरकर फैलने लगता है। ट्रक निकल जाता है।
बाहर। लालगांव की सड़क - सुबह
अयान की कार, जो बस कुछ ही मिनट पीछे है, उस सड़क पर मुड़ती है। चन्द्रभान की नज़र सड़क पर फैले इस कूड़े पर पड़ती है।

चन्द्रभान

ये इतना कूड़ा कैसे फैला है यहाँ?

अयान भी खिड़की से बाहर देखता है। इसमें कुछ अशुभ सा है। कार ऑफ़िस परिसर में पहुँचती है, वहाँ मुख्य दरवाज़े पर कई सारे पुलिस वाले खड़े हैं। अयान वहीं उतरता है जहां वो रोज़ उतरता है। मैनहोल थोड़ा और बह रहा है। सुक्खा दौड़ता हुआ आता है।

सुक्खा सिंह

सर आज आने वाला था जमादार पर ये लोग हड़ताल पर चले गए। और तो और, कूड़ा भी फेंक रहे हैं, सरकारी दफ़्तरों के बाहर।

अयान ये सब देखता रहता है और फिर अपने कमरे में चला जाता है। उसके पीछे ब्रह्मदत्त जाता है, जो फ़ोन पर है।

ब्रह्मदत्त सिंह

जी सर, जी आ गए सर...एक सेकंड सर।
(अयान की तरफ़ फ़ोन बढ़ाता है)
रामलाल नेहरिया जी...
(अयान फ़ोन को देखता रहता है)
जी स्वयं हैं...

अयान फ़ोन लेता है और ब्रह्मदत्त राहत महसूस करता है। अयान मिस्टर नेहरिया को सुनता रहता है।

अयान रंजन

सर...जी...

आख़िर में फ़ोन रखने से पहले अयान कहता है :

अयान रंजन

जी सर। ज़रूर।

अयान अपनी कुर्सी पर बैठता है, और ब्रह्मदत्त को उसका फ़ोन देता है। अयान के हाथ में अभी भी गुलाबी चप्पल है। ब्रह्मदत्त फ़ोन उसके सामने रखता है।

ब्रह्मदत्त सिंह

तो सर, क्लोज़ कर दें फ़ाइल?

अयान फ़ाइल के बगल में चप्पल रखता है और दोनों को देखता रहता है। बीट। अयान उठता है और कमरे से बाहर निकल जाता है। वो गेट तक जाता है और वहाँ अकेला खड़ा होता है। चारों तरफ़ कूड़ा बिखरा हुआ। अयान किसी को फ़ोन मिलाता है और कूड़े को पार करता हुआ चलने लगता है।

दूसरी तरफ़, सड़क पर जॉगिंग करने निकली अदिति के पास अयान का फ़ोन आता है। शहर में उसके आसपास की सुबह की साफ़-सफ़ाई के काम।

अयान रंजन

(थका हुआ)
हाय, कैसी हो?

अदिति

यू ओके? जल्दी उठ गए?

अयान रंजन

सोया ही नहीं।

अदिति

(दबी हुई हंसी)

मार्स के चले गए टाइप फ़ील हो रहा है फिर से?

अयान रंजन

3 रुपये में क्या मिलता है अदिति?

अदिति

हाँ?

अयान एक चाय की दुकान के पास रुकता है।

अयान रंजन

3 रुपये में कुछ मिलता भी है क्या अब?

अदिति

क्या हुआ अयान?

वो रुकती है।

अयान रंजन

3 रुपये के लिए इन लड़कियों का रेप कर दिया, मार दिया...

अदिति अवाक रह जाती है।

अदिति

मैं सुन रही हूँ...

अयान दुकान से एक कप चाय लेता है और फ़ुटपाथ पर बैठ जाता है, आसपास चारों तरफ़ कूड़ा।

अयान रंजन

मैं जब इतनी सारी कन्ट्रीज़ में बड़ा हो रहा था यार...सब बोलते थे इंडिया-इंडिया...वी वुड लव टु गो देयर समडे...हम बोलते थे यू मस्ट... बनारस, खजुराहो ऐसे बेचता था जैसे मेरे बाप का हो। आई फ़ेल्ट सो प्राउड ऑफ़ माय कंट्री...

अदिति भी फ़ुटपाथ पर बैठ जाती है।

अदिति

आर यू नॉट प्राउड, अभी?

अयान रंजन

आई एम...वैरी प्राउड फ़ॉर अ लॉट ऑफ़ थिंग्स...अ लॉट...बट सम थिंग्स आर सो सो फ़क्ड अप। देयर इज़ अ वार गोइंग ऑन हियर...2 लड़कियाँ मर गईं हैं...तीसरी ग़ायब है...और किसी को फ़रक ही नहीं पड़ रहा। जो लोग यहाँ रह रहे हैं...वो सब के सब ऐसे बिहेव कर रहे हैं जैसे ये सब किसी और देश में हो रहा है...टीवी पे, ड्राइंग रूम्स में, इस मार्केट में, सब नॉर्मल है अदिति। शुड आई बी प्राउड ऑफ़ दिस टू?

(गहरी सांस, दृढ़)

मेस्ड अप है...बट आई विल अनमेस इट।

अदिति

इज़ दैट अ वर्ड...अन्मेस?

अयान रंजन

नए वर्ड्स ढूँढ़ने पड़ेंगे अदिति। नए तरीके ढूँढ़ने पड़ेंगे। क्योंकि ये रायता बहुत पुराना है।

अयान फ़ोन रख देता है। अदिति कुछ सोचते हुए आसपास देखती है। अयान कार की तरफ़ जाता है। लोग विस्मय से उसे देख रहे हैं।

अन्दर। अयान का केबिन - दिन

एक प्रिंटर एक दस्तावेज़ की प्रतियाँ प्रिंट करता है।
अयान प्रतियाँ निकालता है। मुख्य ऑफ़िस में जाता है, मुख्य नोटिस बोर्ड पर प्रति लगाता है और चला जाता है। ये भारतीय संविधान का पन्द्रहवां आर्टिकल है - हिन्दी और अंग्रेजी में। वो दो प्रतियाँ और लगाता है, एक टीवी के पास और एक अपने केबिन के दरवाज़े पर।

स्टाफ़ के लोग जिज्ञासा से उसकी तरफ़ देखते हैं। वे एक-एक करके अपना काम रोकते हैं और उन प्रतियों को पढ़ने के लिए इकट्ठे होते हैं। जनवरी 15, 1950 की संसद में मौजूद डॉक्टर आंबेडकर की आवाज़ *(निर्मित)* आर्टिकल पढ़ती है।

इंटरवल

मोंटाज/कई जगहें
पूजा के फ़ोटो और जानकारियों के साथ एक 'गुमशुदा' का पोस्टर। फ़ोटो वही है जो गौरा ने अयान को दिया था। एक और जगह, एक और आदमी शहर की दीवारों पर पोस्टर लगाता है। और एक और।

अन्दर/बाहर/चाय की दुकान, हरिमनपुर - दोपहर

अयान एक दुकान वाले से बात करने के लिए बैठता है। एक 12 साल का लड़का जो इस चाय की दुकान पर काम करता है।

लड़का

तीन लड़कियाँ साथ थीं। उन्होंने रस्क लिया था हमसे...फिर इधर से चली गईं...

अयान रंजन

उसके बाद?

लड़का

2 रुपये बच गए थे उनके ऊपर हमारे...हम भाग के गए पीछे पर दिखीं ही नहीं। हमको लगा बस में बैठ के चली गईं।

अयान रंजन

बस? बस जा रही थी कोई?

लड़का

हाँ।

अयान रंजन

कैसी थी? रोडवेज़, प्राइवेट...?

लड़का

पता नहीं। पीले रंग की बस थी।

अयान एक सवाल के साथ मयंक को देखता है।

अयान रंजन

उधर पीली बस किसकी चलती है?

मयंक और गौरा एक-दूसरे को देखते हैं।

मयंक

सर इधर कहाँ बस?

लाउडस्पीकर वौइस् (O.S.)

ब्राह्मण-दलित एकता रैली नया मैदान में। महंत जी आप सबसे प्रेम करते हैं...महंत जी आपके लिए लड़ेंगे...

अयान मयंक के साथ अपनी कार तक जाता है। एक जीप पर एक लाउडस्पीकर और गाड़ियों पर भगवा झंडों के साथ थोड़ी ही दूरी पर महंत का क़ाफ़िला देखा जा सकता है।

लाउडस्पीकर वौइस् (O.S.)

महंत जी आप सबसे प्रेम करते हैं...महंत जी आपके लिए लड़ेंगे...

महन्त जी का फ़ोटो और फूलों से सजी हुई गाड़ी को अयान देखता रहता है।

मयंक (O.S.)

महंत जी अब एकता करवा रहे हैं सर। इसी रैली का विरोध कर रहा है निषाद।

बीट।

मयंक

ये चुनाव शानू, ममता और पूजा पे ही लड़ा जाएगा सर।

मयंक का फ़ोन बजता है। वो थोड़ी देर सुनता है और फिर रख देता है।

मयंक

सर सत्येन्द्र राय को लास्ट फ़ोन बच्चू राय ने किया था। बाइक रिपेयरिंग का दुकान चलाता है।

अयान रंजन

बुलवाओ। फ़ौरन। और अंशु क्यों नहीं आया अब तक?

मयंक

दस मिनट में पहुँच रहा है थाने पे।

अन्दर/बाहर। हरिमनपुर - दिन

महंत (50), बिना शर्ट का भगवा धोती में एक धार्मिक नेता, बंदूकें लिए 2 आदमियों द्वारा रक्षित, अपनी जगुआर से निकलता है और दलित कॉलोनी में घुसता है। लगभग 5 कारों का झुण्ड और भगवा पहने करीब 50 लोग उसके साथ हैं। शान्ति प्रसाद, 52, एक दलित नेता, वहाँ उसका स्वागत करता है। वो गले लगते हैं और प्रेस वाले उनका फ़ोटो खींचने लगते हैं। एक उत्साहित एंकर यहाँ से अपने चैनल के लिए रिकॉर्ड करती है।

टीवी एंकर

शुरू हो गया? थम्स अप देना...
(कैमरामैन के इशारे का इंतज़ार करती है, फिर शुरू करती है)

ये है नया उत्तर प्रदेश। जहाँ ब्राह्मण और दलित एक थाली में खाना खाते हैं। इस गाँव का दुख थोड़ा कम हुआ जब महंत जी दलित नेता शांति प्रसाद के आमंत्रण पर हरिमनपुर में आए और मृत लड़कियों के घर वालों को हौसला दिया और उनके साथ खाना खाया।

जम्प कट टू :

सेम - लेटर
अपनी पार्टी के लोगों से घिरा हुआ शान्ति प्रसाद कैमरों के सामने है।

शान्ति प्रसाद

आश्रम वाली घटना में दोनों तरफ़ के लड़कों की व्यक्तिगत कहा-सुनी हुई थी। उसे जातिगत रंग दिया गया है ताकि इस गठबंधन को बदनाम किया जा सके। हमारे समाज के ही कुछ नए युवा और उपद्रवी नेता हैं जो व्हाट्सएप्प फ़ेसबुक पर समाज के लोगों को भड़का रहे हैं। उनसे बच के रहना है।

महंत और शान्ति प्रसाद एक ही प्लेट से खाना खाते हैं। दलित परिवार भी ऐसी ही प्लेट्स के साथ कैमरों के सामने उसके पास बैठा है। वे भावहीन चेहरा लिए कैमरों को देखते हैं जब कैमरे उनका फ़ोटो खींचते हैं। महंत प्रेस से बात करता है। शान्ति प्रसाद उसके बगल में खड़ा है।

महंत

बलात्कार करने वाले लोग राज्य सरकार के और रामलाल नेहरिया के संरक्षण में पल रहे हैं। उन्हें गिरफ़्तार करने की बजाय सरकार ने बच्चियों के पिताओं पर ऐसे घिनौने आरोप लगाए हैं। ये दलित विरोधी सरकार है। हिन्दुओं को बचना है तो एक होना पड़ेगा। ब्राह्मण और दलितों को एक होना पड़ेगा। ये उसी की शुरुआत है।

अन्दर/बाहर। अयान का ऑफ़िस - लेटर

अयान की कार परिसर में रुकती है। अन्दर का मैनहोल बह रहा है। परिसर में तीन इंच तक काला कीचड़ वाला पानी। ऑफ़िस तक जाने के लिए कुछ ईंटें रखी हैं। अयान ध्यान से आगे बढ़ता है। बहुत बदबू है। चार या पांच पुलिस वाले, एक बाल्टी, एक झाड़ू और उनकी नाकों पर बँधे रूमाल। अयान उनकी तरफ़ कुछ क़दम बढ़ता है।

अयान रंजन

जाटव जी कितने लोग हैं इस ऑफ़िस में?

एसआई जाटव

(उलझन में)
अभी सर?

अयान रंजन

कितने लोग काम करते हैं इस दफ़्तर में?

एसआई जाटव

सर लिपिक, सफ़ाई कर्मचारी सब मिला-मिलू के बाईस हैं।

अयान रंजन

और हौलपुर थाने में?

एसआई जाटव

बारह-तेरह होंगे सर।

अयान रंजन

छटनी?

एसआई जाटव

वहाँ होंगे बीस के करीब।

अयान रंजन

कल सुबह 6 बजे मुझे सूअरताल के पास मिलने चाहिए सब लोग। वो जो दलदल है, जंगल में, उसमें जाना पड़ेगा हमें। उसके साथ टेनरी से ले के हरिमनपुर तक, और इधर आम के पेड़ तक एक एक फुट छानना है।

वे सब असमंजस में दिखते हैं। अयान अन्दर जाता है। मयंक उसके पीछे। अंशु की हार्ले डेविडसन अब उपस्थित है। अयान को लगता है कि उसके पीछे कोई है। ये ब्रह्मदत्त है।

ब्रह्मदत्त सिंह

अंशु नेहरिया आ गया है सर...

अयान चलता रहता है।

ब्रह्मदत्त सिंह

आप लोगों का ट्रान्सफर होता है सर, हम लोगों की हत्या हो जाती है।

अयान उसे घूरता है।

ब्रह्मदत्त सिंह

एक साइन ही करना है सर। सब मैनेज हो जाएगा...दिल्ली में क्या सब फ़ाइल सही होती हैं?

अयान का फ़ोन बजता है। वो फ़ोन साइलेंट पर कर देता है।

ब्रह्मदत्त सिंह

अभी रामलाल नेहरिया जी ने आपका नंबर लिया है। वही फ़ोन कर रहे होंगे।

अयान घूरता रहता है। फिर मुड़ता है और दूसरे कमरे में चला जाता है। ब्रह्मदत्त उसके पीछे जाता है। अंशु कमरे में बैठा है। वो उठता है और अयान के पैर छूता है। जो फ़ोन आया था, अयान उसका महत्त्व जानता

है लेकिन नज़रअंदाज़ करता है। अंशु के सामने बैठता है और अपना फ़ोन टेबल पर रखता है। ब्रह्मदत्त अयान के पीछे खड़ा रहता है।

अयान रंजन

क्यों मारा था लड़कियों को?

टेबल पर रखा अयान का फ़ोन वाईब्रेट करता रहता है। बंद होता है, फिर वाईब्रेट होता है। ब्रह्मदत्त को यक़ीन नहीं हो रहा कि अयान रामलाल का फ़ोन नहीं उठा रहा। पूरे समय उसकी हालत ऐसी है, वो इतना घबराया हुआ है कि अगर उसका बस चले तो वो ख़ुद फ़ोन उठा ले।

अंशु

तनख्वाह बढ़ाने को बोल रही थीं।

अयान रंजन

तो मारा तुमने।

अंशु

नहीं, पहले मना किए थे।

अयान रंजन

तो मारा क्यों?

अंशु

काम छोड़ के जा रही थीं।

अयान रंजन

तो मारा?

अंशु

ऐसे तो सब बढ़ाने को बोलेंगे सर और काम छोड़ के चले जाएँगे...शहर में कुछ काम ही

नहीं होगा...घर में दूध का पैकेट नहीं आएगा, नल ख़ुद ठीक करना पड़ेगा, जूता ख़ुद सिलना पड़ेगा।
(एक बीट)
औक़ात में नहीं रखेंगे तो काम ही नहीं कर सकते।

अयान रंजन

और औक़ात क्या है?

अंशु

जो हम देते हैं वोही औक़ात है सर। और हमको जो मिलता है वो हमारी औक़ात है। औक़ात तो सबकी होती है न?

अयान रंजन

12 तारीख़ की रात को कहाँ थे?

अंशु

घर पे ही थे। 12, 13, 14 रोज़। घर ही रहते हैं सर। दोस्तों का आना-जाना रहता है। दोस्त बहुत हैं हमारे। हर जगह।

फ़ोन फिर बजने लगता है। अयान कमरे से निकल जाता है। पीछे-पीछे ब्रह्मदत्त। कॉरिडोर में, डॉक्टर मालती मयंक के साथ उसका इंतज़ार कर रही है। वो खड़ी होती है।

अयान रंजन

मालती जी, इस लड़के का मेडिकल करना है...

ब्रह्मदत्त वहीं पीछे खड़ा है।

अयान रंजन

मेडिकल करा लेते हैं। कल को जा के रामलाल जी से बोलेगा कि हमने मारा-पीटा इसको तो

क्या करोगे ब्रह्मदत्त? सन्तुलन तो हमें भी बनाना होगा न?

ब्रह्मदत्त थोड़ी देर उसे देखता है, फिर निकल जाता है।

अयान रंजन

(मालती से)
आपको लखनऊ जाना पड़ेगा। डीएनए चेक करना है लड़कियों के साथ। एक आदमी जाएगा आपके साथ। जाएँगी?

मालती राम

जी सर...

अयान रंजन

सिर्फ़ मुझे फ़ोन करना।
(मयंक से)
जाटव जी को भेजो...

वो मयंक के साथ निकल जाती है।

वाशरूम :
अयान अन्दर जाता है और अपना चेहरा धोता है। जाटव आता है।

अयान रंजन

किसी पत्रकार को जानते हैं जो रामलाल नेहरिया के ख़िलाफ़ हैडलाइन लिख सके?

एसआई जाटव

जी...

अयान रंजन

एक ख़बर लीक कीजिए कि हमें अंशु पर शक है। हैडलाइन में आना चाहिए कि अंशु रामलाल जी का ख़ास आदमी है। कल सुबह।

जाटव उसके इरादे समझ नहीं पा रहा लेकिन हाँ में सर हिलाता है। अयान एक मैसेज टाइप करते हुए निकल जाता है।

अयान रंजन (TYPES V.O.)

अदिति, एक न्यूज़ छपेगी कल लोकल अख़बार में। प्लीज़ ट्राय करो कि कहाँ-कहाँ छाप सकती है। दिस डिज़र्व्स टु बी ऑन द फ्रंट पेज।

अदिति (V.O.)

ठीक हो तुम?

अयान रंजन (TYPES V.O.)

क्या पता...स्माइली।

अन्दर। अयान का ऑफ़िस - दिन - लेटर

जैसे ही अयान अपने केबिन तक जाता है, वो देखता है कि मयंक बच्चू राय के साथ उसका इंतज़ार कर रहा है।

मयंक

सर...बच्चू राय।

अयान उसे अन्दर लाने का इशारा करता है।

अयान रंजन

क्या बोल रहा है?
(बच्चू से)
4 बजे क्यों कॉल किया था?

बच्चू

पैसा लेना था सर।

मयंक

बोल रहा है कि गाड़ी ठीक करवाने आता था सत्येन्द्र। इसका कुछ पैसा बाक़ी था उसपे।

अयान रंजन

तो सुबह 4 बजे फ़ोन करेगा?

बच्चू

मुझे अर्जेंट चाहिए था सर। बीवी-बच्चे को 6 बजे की ट्रेन से लखनऊ जाना था। उन्होंने रात को देने का वादा किया था। रात को नहीं दिए तो इसलिए मैंने सुबह किया...पर वो आए ही नहीं...

अयान एक पल उसे देखता है, फिर :

अयान रंजन

(मयंक से)
छोड़ दो।

बच्चू अपने हाथ जोड़ता है और चला जाता है।

अयान रंजन

नज़र रखो इस पे...अंशु के घर पे सीसीटीवी होगा?

मयंक

लालगांव में कहाँ सीसीटीवी सर...ख़ाली बैंकों में है।

अयान रंजन

कोई बैंक उसके घर के आस-पास?

मयंक

(सोचता है)
देखता हूँ सर।

अयान रंजन

है तो मुझे फ़ुटेज चाहिए।

अन्दर/बाहर। अयान का घर - शाम

अयान अपनी शर्ट की बाजू चढ़ाते हुए अपने कमरे से बाहर आता है। उसने अभी कपड़े बदले हैं।

अयान रंजन

(अर्दली से)
अमली कहाँ है?

अर्दली

2-3 घंटे हो गए सर...कुछ सामान लेने गई थी...अभी आई नहीं...

अयान रंजन

(चिंतित)
फ़ोन करो...

अर्दली

फ़ोन भी नहीं मिल रहा है सर...

अयान रंजन

(घबराता है)
तो मुझे बताया क्यों नहीं किसी ने...

अर्दली

वो सर पीछे वाले मार्केट में गई होगी...आ ही जाएगी...

अयान रंजन

(गुस्से में)
आ जाएगी? यहाँ पता है क्या हो रहा है इस शहर में तुमको? निहाल को फ़ोन लगाओ उसकी बात हुई है क्या...गाड़ी निकालो जल्दी।

वो ओवर-रिएक्ट कर रहा है। वो तेज़ी से घर से बाहर निकलता है। अर्दली हैरानी से उसे देखता है।

अयान रंजन

(ऊँची आवाज़ में)
चन्द्रभान...चन्द्रभान...

चन्द्रभान कहीं नज़र नहीं आ रहा। अर्दली भी बाहर आ गया है। अयान इंतज़ार नहीं करता, कार में बैठता है और ख़ुद चालू करता है। जैसे ही वो कार को एक तरफ़ मोड़ता है, अमली और निहाल दरवाज़े पर नज़र आते हैं। निहाल साइकिल लेकर आ रहा है। अयान को राहत महसूस होती है।

अयान रंजन

कहाँ गई थी...?

अमली का चेहरा चमक रहा है। निहाल जवाब देता है।

निहाल सिंह

सर इसका पेपर का फ़ारम भरवाया है न ओपन का...उसकी लास्ट डेट थी आज...फ़ोटो निकलवाना था...

वे घबराए हुए अयान को देख रहे हैं कि आख़िर वो इतना चिन्तित क्यों है? वे नहीं जानते कि अभी पिछले कुछ सेकंड्स में अयान किस डर से गुज़रा। उसका फ़ोन बजता है। उसे कुछ होता है, वो रुकता है और जवाब नहीं देता है।

बाहर। जंगल का दलदल - सुबह

दलदल के पास बहुत कम लोग आए हैं। केवल अयान, मयंक, जाटव, निहाल ही हैं। अयान अपनी घड़ी देखता है।

अयान रंजन

कोई नहीं आएगा?

जाटव

सर अपर कास्ट तो बिलकुल नहीं तैयार है सर इसमें उतरने को...और एससी/एसटी वाले निषाद के कहने पर हड़ताल पर हैं...हमको लगा था कि गाँव वाले आ जाएँगे...

तभी चार पुलिस वाले अपनी बाइक पर आते हैं। वे आते हैं और सेल्यूट करते हैं।

अयान रंजन

(उन चार पुलिस वालों से)
आप सब शेड्यूल कास्ट हो?

पुलिसवाला 1

मैं यादव हूँ सर...हुकुम कीजिए।

अयान उसे देखता है और कृतज्ञता में मुस्कुराता है।

अयान रंजन

हुकुम से नहीं होगा। मदद चाहिए हमें। बहुत लोग चाहिए हमें।

अयान अपनी कार की तरफ़ जाता है। मयंक उसके पीछे।

अयान रंजन

ये हड़ताल तुड़वानी पड़ेगी यार, निषाद से मिलना होगा मुझे।

मयंक

वो तो अंडरग्राउंड है सर।

अयान रुकता है।

अयान रंजन

कितना अंडरग्राउंड है?

अयान बहुत गंभीरता से कहता है। मयंक देखता है।

मयंक

ट्राई करता हूँ सर...

अन्दर/बाहर। कार/रोड - शाम

मार्मिक संगीत शुरू होता है। अयान कार चला रहा है। मयंक और जाटव उसके साथ हैं।

अन्दर/बाहर। ओल्ड स्कूल बिल्डिंग - आधे घंटे बाद

कार आकर रुकती है। गौरा उनका इंतज़ार कर रही है। अयान, जाटव और मयंक कार से निकलते हैं।

जाटव

बहुत झाड़ू लगाई है सर इधर...दस साल।

मयंक गौरा को गले लगाता है। जाटव प्यार से गौरा को देखता है लेकिन उसके और गौरा के बीच एक दीवार सी है।

लेटर

मयंक अयान को कोई पुराना किस्सा सुना रहा है। अयान उन्हें देखता है, यादों में खोये हुए। गौर उनसे कुछ दूरी पर बैठी है।

मयंक

हम लोग 10-11 साल के थे सर...जाटव जी का एक प्रेम-पत्र प्रिंसिपल साहब तक पहुँच गया

था। इनके पिताजी इनके पीछे संटी लेके भाग रहे थे...स्कूल चल रहा था...हमको आज भी याद है ज्यों का त्यों।

जाटव

(टालते हुए)
वो षड्यंत्र हुआ था हमारे साथ।

मयंक

क्या खीर बनाते हैं सर इनके पिताजी।

तीन बाइक्स परिसार में आती हैं। निषाद पहली बाइक चला रहा है। सब उसे ही देख रहे हैं। वो रोकता है और उतरता है। एक बाइकर बहुत दूर रुकता है। दूसरा एक दूसरे कोने पर जाकर रोकता है, निगरानी के लिए।
निषाद गौरा के पास आता है और दोनों गले लगते हैं। वो जाटव के पैर छूता है। अयान विस्मय से उन्हें देखता है और फिर उन लड़कों को जो दूर रुके हैं। निषाद के नज़रें अयान से मिलती हैं।
लेटर
वे अब एक बड़े क्लासरूम या स्कूल कॉरिडोर में हैं। कुछ टूटी हुई कुर्सियाँ और बेंच।

निषाद

हमें जो पढ़ाया गया वो सब झूठ था सर।
(हँसता है)
इसीलिए टूट गया स्कूल शायद।

अयान ध्यान से उसे देखता है।

निषाद

क्या चाहिए आपको?

अयान रंजन

लोगों को काम पे भेज दो निषाद। पूजा को ढूँढ़ने के लिए लोग चाहिए।

निषाद

पूजा को क्या ढूँढ़ना है सर...उसका भी कोई भाई, बाप ढूंढ़ो और प्रूव करो कि...

वो बोलते-बोलते रुक जाता है। एक अजीब चुप्पी छा जाती है, जिसे गौरा और भी अजीब तरह से तोड़ती है।

गौरा

(एकदम से)
निषाद, तुम्हारे लिए चाची हलवा भेजी हैं...दाल का...

वो उसकी तरफ़ बढ़ाती है।

गौरा

(सब से)
परसों इसका जन्मदिन था।

वो निषाद की आँखों में देखती है। ये एक अजीब तरह का भावुक और असमय पड़ने वाला क्षण है।

मयंक

क्या हीरा लड़का था सर। मतलब निषाद के 100 में से 90 आ जाएँ तो सबको लगता था कि पेपर ग़लत चेक हुआ है। निषाद के कम नंबर कैसे आ सकते हैं।

निषाद

हीरा लड़का था तो इतना क्यों लड़ना पड़ रहा है दोस्त?

मयंक

ये तुमने ही तो चुना है भाई। क्योंकि तुम बहुत नेगेटिव हो गए हो।

निषाद

(विडम्बना पर हँसता है)

तुम नेगेटिव हो जाते तो तुमपे भी लगता क्या नेशनल सिक्यूरिटी एक्ट?

मयंक

हर चीज़ का एक तरीक़ा होता है निषाद। जाटव जी को देख ना। सफ़ाई करते थे इस स्कूल में इनके पिताजी। मेरे पापा पढ़ाते थे। आज बराबर हैं हम दोनों। सेम पे स्केल है। उन्होंने भी बनाई ना अपनी जगह। तुम्हें लगता है कुछ नहीं हुआ 70 साल में।

निषाद

बहुत कुछ हुआ है...पर हम कभी हरिजन हो जाते हैं, कभी बहुजन। बस जन नहीं रह पाते कि जन मन गण में हमारी भी गिनती हो सके।

मयंक

भाई तुम ना ज़्यादा पढ़ लिख गए। ना हमको इतनी बातें आती हैं। पर सब कम्युनिटी की अपनी-अपनी प्रॉब्लम है निषाद।

बीट।

निषाद

गौरा की नौकरी लगी थी। मिड-डे मील बनाने में। पहले ही दिन बच्चों ने इसके हाथ का खाना खाने से मना कर दिया। 150 बच्चों का खाना फेंक दिया गया। तेरे हाथ का खाना फेंका है कभी किसी ने? कभी किसी ने हाथ धोए हैं मयंक, तुझसे हाथ मिला के?

बीट।

निषाद

(उत्तेजित)

प्रॉब्लम सब कम्युनिटी को हैं मयंक...पर मंदिर में घुसने पर तेरी हड्डियाँ नहीं तोड़ता कोई।

चुप्पी। अयान एक लम्बी सांस लेता है। एक बीट।

गौरा

शान्ति प्रसाद लाया था महंत को गाँव वालों के साथ खाना खिलाने। महंत खाना भी अपना लाया था और बर्तन भी। टीवी पर ये नहीं बताया।

अयान रंजन

शान्ति प्रसाद ने भी कुछ नहीं किया कभी?

निषाद

करते थे सर। तभी पैरों में जा के बैठ गया था उनके इतने साल। फिर धीरे-धीरे समझ में आया कि पॉवर की जाति अलग होती है। ये हमारे कंधों पे खड़े हुए हैं तो इन्होंने हमको जूता... मिट्टी जैसा कुछ समझ लिया है। निकल आया। लड़ने लगा।
(गर्दन का एक ज़ख़्म दिखाने के लिए अपनी शर्ट ऊपर करता है)
पिछले साल शान्ति प्रसाद के लड़कों ने हमला किया था सर। गुरु का रिटर्न गिफ़्ट है। इस रैली में हमारे वोटों की डील हो रही है सर। ये कैसे होने दें?

अयान लम्बी साँस भरता है। उसका फ़ोन बजता है। वो कॉल लेता है।
बाहर। लखनऊ की सड़क - दिन
मालती एक रिक्शा की तरफ़ जाती है। उसके पीछे सादे कपड़ों में एक पुलिस वाला है।

मालती

मालती बोल रही हूँ सर। अंशु नेहरिया ने रेप

किया है सर, सैंपल मैच हो गया है। मैं रिपोर्ट ले के निकली हूँ अभी। सुबह तक पहुँचती हूँ।

वापस स्कूल में —

अयान रंजन

मुझे अभी के अभी व्हाट्सएप्प कर दो...और लालगांव पहुँचते ही फ़ोन करना मालती। थैंक्स।

वो फ़ोन काट देता है और उनके जिज्ञासु चेहरों को देखता है।

अयान रंजन

निषाद, मैं वो सब कर रहा हूँ जो मुझे करना चाहिए, मतलब जितना समझ पा रहा हूँ मैं। हारूँगा या जीतूँगा, पता नहीं। पर तुम मदद नहीं करोगे तो...

निषाद

(बात काटते हुए)
आपकी ये चलने नहीं देंगे सर...अरे ये उस किताब की नहीं चलने देते जिसकी ये शपथ लेते हैं।

अयान रंजन

यही तो लड़ाई है निषाद। हमें तो उसी किताब की चलानी है ना? उसी से चलेगा देश, यही बोल के गए थे ना बाबा साहब?

निषाद

और ये भी बोल के गए थे सर कि संविधान का मिसयूज़ होगा तो मैं पहला आदमी होऊँगा उसे जलाने वाला।

एक बीट।

अयान रंजन

वहाँ पूजा की चप्पल मिली है निषाद...

ये एक इंसानियत वाली बात है जिसे निषाद नज़रअंदाज़ नहीं कर सकता। निषाद एक बार गौरा को देखता है।

निषाद

हड़ताल तो नहीं टूटेगी सर। पर आपके लोग काम पे आ जाएँगे। सबको राहत महसूस होती है। अयान कृतज्ञ दिखता है।

अन्दर/बाहर पुलिस हेडक्वार्टर - आधे घंटे बाद

ऑफ़िस परिसर में एक आदमी कीचड़ में सना हुआ मैनहोल से बाहर आता है। उन्होंने काम शुरू कर दिया है। अयान की कार ऑफ़िस आकर रुकती है। जैसे ही वो उतरता है, उसके फ़ोन पर एक मैसेज आता है। मयंक और जाटव उसके पीछे हैं। एक लम्बी झाड़ू और एक बाल्टी लिए चौकीदार अयान को रास्ता देने के लिए रुकता है। अयान उसे देखता है।

अयान रंजन

(घोषणा करते हुए)
सुक्खा सिंह, फ़ोर्स इकट्ठी करो। हम अंशु नेहरिया को अरेस्ट करने जा रहे हैं।

कई सारे कामों के बीच ब्रह्मदत्त बाहर आता है। ब्रह्मदत्त और अयान एक-दूसरे को देखते रहते हैं और पुलिस वाले निकलने की तैयारी करते हैं। ब्रह्मदत्त धीरे-धीरे अयान के पास जाता है।

ब्रह्मदत्त सिंह

सर लखनऊ से ऐसा समाचार आ रहा है कि ये केस सीबीआई को सौंप दिया गया है। अच्छा है सर आप को भी मुक्ति होगी अब। वो लोग मैनेज करेंगे सब इन फ़ैक्ट।

अयान रंजन

थोड़ा हम भी मैनेज कर लेते हैं उनके आने से पहले। नहीं?

अन्दर/बाहर। अंशु का फार्महाउस - लेटर

अयान की कार अंशु के घर के बाहर रुकती है। इधर-उधर देखते हुए अयान कार से उतरता है। जाटव, सुक्खा और कुछ पुलिसवाले अंशु के घर से बाहर आते हैं।

जाटव

वो घर पे नहीं है सर।

अयान रंजन

एक-एक कमरे की तलाशी लो।

जाटव

यस सर।

ब्रह्मदत्त भी अंशु के घर से बाहर आता है।

ब्रह्मदत्त सिंह

वो तो निकल गया सर।

तभी अयान की नज़र पास की एक बिल्डिंग पर पड़ती है और उसके सामने खड़ी एक पीली बस पर भी।

अयान रंजन

ये क्या है?

ब्रह्मदत्त सिंह

स्कूल है सर। विद्यालय। छुट्टी चल रही है। पंद्रह दिन बाद खुलेगा।

अयान रंजन

किसका है?

ब्रह्मदत्त हिचकता है लेकिन वो जानता है कि वो अब कोई रहस्य बचा कर नहीं रख सकता।

ब्रह्मदत्त सिंह

अंशु का है सर।

अयान बस की तरफ़ जाता है, ब्रह्मदत्त भी। सबको पीछे रहने का इशारा करता है। उसकी टीम बाहर रहती है। अयान ध्यान से बस के अन्दर देखता है। बाहर आता है।

अयान रंजन

(मयंक से)
ये बस सीज़ करो। सील करवाओ। फॉरेंसिक टीम को इन्फ़ार्म कीजिए।

अयान स्कूल कॉरिडोर में जाता है। उसका ध्यान अंशु के घर की तरफ़ भी है। वो कॉरिडोर में चलता जाता है। एक के बाद एक दरवाज़ा बंद है। स्कूल में काम करने वाला एक आदमी सब दरवाज़ों के ताले खोलता है। अयान सब में जाकर देखता है। सब नॉर्मल दिखता है। अयान लौटने लगता है। तभी -

मयंक

इस कमरे की चाबी?

आदमी

वो अंशु भैया अपने पास रखते हैं।

अयान ये सुनकर रुकता है।

अयान रंजन

ताला तोड़ो।

वे दरवाज़े का ताला तोड़ देते हैं। ये एक छोटा कमरा है। टूटा फ़र्नीचर। पीछे एक मेज के नीचे फ़िनायल की बोतल और वाइपर पड़ा है। ज़मीन पर एक बिस्तर बिछा है, और कुछ नहीं। और एक कोने में शराब की एक बोतल। एक रस्सी का टुकड़ा। अयान मयंक को देखता है।

बाहर। दलदल - दिन

दलदल के पास कई पुलिस जीपें। पचास से साठ पुलिस वाले और सिविलियन्स *(सभी दलित)* दलदल में। अयान भी जाटव और मयंक के साथ पहुँचता है। अयान जाटव को आदेश देता है जो चार्ज लेता है और अलग-अलग दिशाओं के लिए टीम्स बनाता है।

जाटव

पंद्रह-बीस लोग सूअरताल पार करके सीधे जंगल में जाएँगे, बाकी लोग चारों तरफ़ ताल में थोड़ी तसल्ली से ढूंढ़ेंगे। बाकी लोग सीधा खेतों में चलते रहें और फिर जंगल में आएँ उधर से।

गौरा भी अन्दर जाएगी लेकिन वो जाए इससे पहले वो अयान के पास जाती है। वो कुछ कहने की बहुत कोशिश करती है लेकिन कह नहीं पाती। वो दलदल में चलने लगती है।

बाहर। हाइडआउट - भोर

गेहूं की फ़सल का विस्तार। एक ट्यूब-वेल चल रहा है। इस सब के बीच में एक अकेला घर। बच्चू एक चारपाई पर बैठा है। घर में काम करने वाली उसे एक कप चाय देती है। आँगन में एक औरत खाना बना रही है। दो गायें और एक भैंस दूसरे कोने में बंधी हुई हैं और वे चर रही हैं। अंशु नेहरिया घर से बाहर आता है और देखता है कि एक जीप आ रही है। ये ब्रह्मदत्त है। ब्रह्मदत्त के पहुँचने का इंतज़ार करते हुए अंशु एक चारपाई पर बैठता है। वो आता है और अंशु के पास बैठ जाता है। उसके हाथ में एक अख़बार है और वो अख़बार अंशु के ऊपर फेंकता है।

अंशु नेहरिया

देखे हैं। रामलाल जी बहुत भड़भड़ाए होंगे। सस्पेंड पे नहीं छोड़ेंगे। अरेस्ट करवाएंगे साले को।

ब्रह्मदत्त सिंह

बात हुई तुम्हारी?

अंशु नेहरिया

फ़ोन बंद आ रहा है।

बच्चू राय

सीबीआई आ गई न अब तो?

ब्रह्मदत्त सिंह

आ जाएगी, वो भी आ जाएगी।
(अंशु से)
नाश्ता कर लिया?

अंशु नेहरिया

न, परांठे बन रहे हैं।

अंशु एक गाना गुनगुनाने लगता है।

अंशु नेहरिया

(गुनगुनाते हुए)
गेहूं कमाल का हुआ है इस बार।

ब्रह्मदत्त फ़सल को देखता है। फिर अंशु को।

ब्रह्मदत्त सिंह

मारने की क्या ज़रूरत थी अंशु?

अंशु नेहरिया

हैं?

ब्रह्मदत्त सिंह

हफ़्ता-दस दिन रख के छोड़ देता हरामज़ादियों को...

अंशु नेहरिया

बहुत क्रांतिकारी हो रही थीं सर।

बच्चू राय

उस दिन भी न देखी आपने? कैसे पैर फड़फड़ा रही थी जब आप उतरे थे उस पे।

ब्रह्मदत्त बच्चू को घूरता है। अचानक ब्रह्मदत्त अपनी बन्दूक निकालता है और उसे गोली मार देता है। बैंग। अंशु भौचक्का रह जाता है। वो उठता है और अपनी बन्दूक निकालता है लेकिन उतने ही समय में ब्रह्मदत्त अपनी बन्दूक अंशु की पसलियों पे टिका देता है।

अंशु नेहरिया

पागल हो गया क्या ब्रह्मदत्त?

बंधे हुए पशु डरने लगते हैं और छूट कर भागने के लिए छटपटाने लगते हैं। काम करने वाली औरत घर के पीछे की ओर भागती है। खाना बनाने वाली औरत चूल्हे के पास बैठी रहती है और उसे देखती रहती है जबकि परांठा जल रहा है।

ब्रह्मदत्त सिंह

(बहुत कठोरता से)
सुनो अंशु भइया, तुम को अरेस्ट करेंगे तो हम मर जाएँगे। तुमको मार देंगे तो कहानी ख़तम।

अंशु नेहरिया

रामलाल जी छोड़ेंगे नहीं साले तुमको।

ब्रह्मदत्त सिंह

तुमको तो छोड़ चुके हैं साले और तुमको समझ ही नहीं आ रहा है।

अंशु छूटने की कोशिश कर रहा है। ब्रह्मदत्त थोड़ा आसपास देखता है। पूरी तरह नियंत्रण में।

ब्रह्मदत्त सिंह

अच्छा अंशु भैया।

रिवाल्वर अभी भी अंशु की पसलियों पर टिकी है और वो फ़ायर करता है।

अन्दर/बाहर। लालगांव - दिन

तीन सरकारी गाड़ियाँ सड़कों से गुज़र रही हैं। नंबर प्लेट पर 'भारत सरकार' लिखा है। तीनों कार अयान के ऑफ़िस में आकर रुकती हैं। एक सीनियर सीबीआई अधिकारी पैनिकर सबसे आगे वाली कार में हैं। पीछे वाली कारों में उसके मातहत हैं। उसे ऑफ़िस में ले जाया जाता है। अयान अपने ऑफ़िस में खिड़की के पास खड़ा है। पैनिकर और अयान एक दूसरे को देखते हैं।
अयान का केबिन — सुक्खा दौड़ते हुए उसके पास आता है।

सुक्खा सिंह

सर मिस्टर पैनिकर जी आए हैं सीबीआई से।

अयान मुस्कुराते हुए उसे देखता है।

अयान रंजन

चाय पिलवाइए उन्हें।

अन्दर/बाहर। कॉन्फ्रेंस रूम/बाहर, पुलिस हेडक्वार्टर - थोड़ी देर बाद

डॉक्टर अवधेश, 49, से सीबीआई के तीन अधिकारियों द्वारा पूछताछ की जा रही है। पैनिकर, 54, मुख्य अधिकारी को हिन्दी बोलने में मुश्किल होती है लेकिन वो हिन्दी में ही बोलना चाहता है इसलिए थोड़ी टूटी-फूटी बोलता है। एलिसा, 34, केरला से एक ईसाई लड़की, स्टेनो है। वो सारी बातचीत को टाइप कर रही है।

पैनिकर

मालती कितने टाइम से आपकी असिस्टेंट है?

डॉक्टर अवधेश

असिस्टेंट नहीं है सर। वो असिस्टेंट नहीं है।

पैनिकर

मतलब?

डॉक्टर अवधेश

मतलब असिस्टेंट है। शी इज़ एन असिस्टेंट। बट शी इज़ कम्पलीट डॉक्टर। पर सब कुछ मैं ही करता हूँ। आई डू एवरीथिंग।

पैनिकर

आप हिन्दी भी बोलते हैं और इंग्लिश भी।
(एलिसा की तरफ़ इशारा करते हुए)
उसको डबल टाइप करना पड़ता है।

बाहर : अयान मुख्य ऑफ़िस की तरफ़ जाता है और रास्ते में ब्रह्मदत्त को क्रॉस करता है।

ब्रह्मदत्त सिंह

अंशु को अरेस्ट करने गए थे सर, फ़ार्म हाउस में छुपा हुआ था...फ़ायर कर दिया हमारे ऊपर।

अयान उसे देखता रहता है, हैरान सा।
अन्दर :
अयान जाता है और अधिकारियों के सामने बैठता है।

पैनिकर

कैसे-हैं-आप-मिस्टर रंजन?

अयान रंजन

आई एम ओके सर।

पैनिकर

आपके-आते-ही-काफ़ी-केओस-हो-गया-इधर?...

अयान रंजन

यस सर।

पैनिकर

और-आपको-तो-आदत-भी-नहीं-इंडियन-सभ्यता-की-विषमता-का-

एक बीट। अयान समझने की कोशिश करता है।

अयान रंजन

मोस्टली बुकिश सर। आई एम लर्निंग।

पैनिकर

बहुत-पुराना-है-ये-सब।

अयान रंजन

ऑफ़ कोर्स।

पैनिकर

आपका हिन्दी कम्फ़र्टेबल नहीं?

अयान रंजन

हैं?

पैनिकर

नहीं आप इंग्लिश प्रिफ़र करते हैं। बट दैट इज़ ओके, आई फ़ॉलो इंग्लिश। बट इन हिन्दी बेल्ट समटाइम्स अच्छा होता है अगर लोकल लैंग्वेज में सहज हो तो...लोकल सभ्यता...बेहतर समझ में आती है।

एक बीट।

अयान रंजन

वो लड़की मिसिंग है सर। एक-एक मिनट इम्पॉर्टेन्ट है। एक एक्यूज़्ड ऑलरेडी मारा गया है।

वो अपने साथ वाले से एक फ़ाइल लेता है।

पैनिकर

आप दवाइयों पर हैं?

अयान रंजन

सर?

पैनिकर

आपका हिन्दी का इशू है शायद। आर यू ऑन एनी मेडिसिन्स?

अयान रंजन

नो सर।

पैनिकर

ऐसा लगता है। आप काफ़ी रेस्टलेस लग रहे हैं।

अयान रंजन

सर दो छोटी बच्चियों का रेप हुआ है।

पैनिकर

रेप हुआ है ऐसा क्यों लगता है?

अयान रंजन

सबसे पहले तो पोस्टमार्टम रिपोर्ट सर।

पैनिकर

बट उस डॉक्टर का फ़र्स्ट पोस्टमार्टम। सीनियर डॉक्टर की रिपोर्ट में रेप नहीं हुआ है।

अयान रंजन

सर, आई एम नॉट क्वालिफ़ाइड टु जज हर क्वालिफ़िकेशन। उन्होंने पोस्टमार्टम किया, उनकी रिपोर्ट ने रेप कहा। फिर अंशु नेहरिया का डीएनए सैंपल चेक करवाया, वो मैच किया है सर...

पैनिकर अपनी फ़ाइल में देखता है।

पैनिकर

डीएनए सैंपल मेरी रिपोर्ट में नहीं है।

अयान रंजन

वो मैंने पर्सनली करवाया सर। आई शैल सबमिट द सेम टु यू। इट इज़ ऑन माय व्हाट्सएप्प राइट नाउ।

अयान उसे अपने फ़ोन में व्हाट्सएप्प इमेज दिखाता है। पैनिकर आश्वस्त नहीं दिखता।

पैनिकर

व्हाट्सएप्प से लिंचिंग हो जाता है, दंगा हो जाता है, ये भी मालूम है आपको?

अयान रंजन

जी सर।

पैनिकर

ऐसा आरोप है कि आप एससी/ एसटी के लिए पूर्वग्रह रखते हैं?

अयान रंजन

सॉरी सर?

पैनिकर

यू आर प्रेज्युडाइज्ड। आपने आते ही अपने ऑफ़िस में सबकी जाति पूछी। क्या ये सच है?

अयान रंजन

सर आई वाज़ ट्राइंग टू अंडरस्टैंड कि 2019 में हम दो हज़ार साल पुराना सिस्टम फ़ॉलो कर रहे हैं।

पैनिकर

रीज़नेबल...बट ये एससी, एसटी एक्ट के अंतर्गत क्राइम है...आप जानते ही होंगे?

अयान रंजन

जी सर...यस सर।

पैनिकर

आश्रम से या महंत जी से आपका कोई पुराना परिचय? दुश्मनी?

अयान रंजन

नो सर, मैं तो 2 दिन पहले तक इस सबके बारे में जानता भी नहीं था।

पैनिकर

ऐसा आरोप है मिस्टर अयान रंजन कि आपका इस केस को लेकर पर्सनल एजेंडा है। और आप लोकल हारमनी को बिगाड़ना चाहते हैं।

अयान रंजन

मैं वही कर रहा हूँ सर जो...

पैनिकर

ब्राह्मण दलित एकता रैली के बारे में आप क्या सोचते हैं? अपंर कास्ट और लोअर कास्ट एक साथ, मिल के स्टेट गवर्नमेंट के अगेंस्ट खड़ा हो रहा है। क्या सोचते हैं आप?

अयान रंजन

कुछ भी नहीं सोचता सर।

पैनिकर

आप चाहेंगे कि ये सक्सेसफ़ुल हो?

अयान रंजन

आई डोंट केयर सर। इस रैली का उन लोगों से कोई लेना देना नहीं है। कभी नहीं होता। वे सीधे लोग हैं, नारों के पीछे भीड़ बन के खड़े हो जाते हैं।

एक बीट।

पैनिकर

कॉफ़ी?

अयान रंजन

नो सर थैंक्स।

पैनिकर

अब आप इस केस पर काम बंद कर दें। अभी से। राइट नाउ। हम हैंडल कर लेंगे। आपको जो भी हमको बताना है कल बता सकते हैं, अपने डिफ़ेंस में।

अन्दर/बाहर। अयान की कार/हाइवे - दिन

अयान खिड़की से बाहर देखता है। उसकी कार तेज़ी से हाइवे पर जा रही है। वो एक मैसेज टाइप करता है।

अयान रंजन (TYPES V.O.)

सत्येन्द्र की लोकेशन मिल गई है। मिलने जा रहा हूँ। उसके बाद काम बंद।

अदिति (V.O.)

चल झूठे।

बाहर। मैथा रोड - शाम

ये हाइवे के पास बहुत कम आबादी वाली जगह है। चन्द्रभान कार रोकता है। सड़क के पास एक छोटी दुकान पर, अपनी पीठ सड़क की तरफ़ किए हुए सत्येन्द्र बैठा है। अयान आराम से बाहर निकलता है और उसकी तरफ़ जाता है। थोड़ा पीछे निहाल भी जाता है। जैसे ही अयान उसे आवाज़ लगाने वाला होता है, सत्येन्द्र मुड़ता है और उसे देखता है। वो निहाल को भी देखता है। सत्येन्द्र उठता है और पीछे एक गली में जाने लगता है।

सत्येन्द्र राय

तुम साले अरेस्ट करने आए हो?

अयान रंजन

बात करने आया हूँ सत्येन्द्र...

सत्येन्द्र पीछे हटता रहता है।

सत्येन्द्र राय

झूठ मत बोलो, अरेस्ट करने आए हो।

अयान निहाल को पीछे हटने का इशारा करता है। निहाल मानता है। सत्येन्द्र भागने की कोशिश करता है। अयान उसे पकड़ लेता है।

अयान रंजन

सिर्फ़ बात करनी है तुझसे।

सत्येन्द्र बैठ जाता है।

अयान रंजन

12 तारीख की रात को अंशु के घर क्यों गया था तू?

सत्येन्द्र राय

इसी प्रदेश में आईपीएस को पीट-पीट के मार दिया गया था। जानते हो न?

अयान रंजन

अंशु की गली के बाहर जो बैंक है, उसका सीसीटीवी फुटेज देखा है मैंने। तू 12 की रात गया था वहाँ, पुलिस की एक जीप गई था। क्या हो रहा था वहाँ?

सत्येन्द्र राय

तुम साले सुपरमैन बनना चाहते हो?

अयान रंजन

तुम सुबह 4 बजे उठ के कहाँ गए थे? बच्चू ने क्यों कॉल किया था तुम्हें? क्यों भागे हुए हो? मुझे सस्पेंड किया जा रहा है सत्येन्द्र पर उसके पहले जो कर सकूँगा, करूँगा। तुम्हें अरेस्ट करना पड़ा तो वो भी। गोली मारनी पड़ी तो वो भी।

सत्येन्द्र उसे देखता रहता है और रोने लगता है।

सत्येन्द्र राय

सुबह 4 बजे कॉल आया था मुझे। अंशु की गाड़ी ख़राब हो गई थी। बोला कि तुरंत आ जा जम्पर लेके। जब मैं पहुंचा तो उन्होंने दोनों लड़कियाँ पेड़ पे जस्ट लटकाई थीं। मुझे बोला भाग जा कुछ दिन।

अयान बहुत बेचैन दिखता है लेकिन नॉर्मल रहने की कोशिश करता है।

अयान रंजन

12 तारीख को क्या हुआ था? कौन-कौन था वहाँ?

सत्येन्द्र सिर हिलाता है।

सत्येन्द्र राय

अंशु के घर पे पार्टी थी। मैं भी था। ब्रह्मदत्त भी आया था। निहाल भी। वहीं थीं लड़कियाँ। सब एक-एक कर के स्कूल में जा रहे थे। मैं निकल गया था वहाँ से। अंशु ने किया था रेप। ब्रह्मदत्त ने किया था रेप। निहाल सिंह ने भी किया था।

अयान को जैसे झटका लगता है। वो निहाल को देखने के लिए मुड़ता है जो इन्हीं की तरफ़ देख रहा है।

अयान रंजन

तीसरी लड़की कहाँ है?

सत्येन्द्र राय

मुझे नहीं पता, उस रात शायद तीनों भाग निकली थीं। लेकिन मैं गवाही नहीं दूंगा अयान। किसी और के सामने पूछा तो मुकर जाऊँगा।

अयान रंजन

क्यों नहीं देगा गवाही...देनी पड़ेगी।

सत्येन्द्र राय

तू तो चला जाएगा सस्पेंड होके। मुझे जेल में मार डालेंगे। ऐसे ही चलता है यहाँ। ऐसे ही चलेगा। जा रहा हूँ। चाहे तो मार देना गोली पीछे से। ख़तम होगा साला।

सत्येन्द्र बहुत बेचारा दिखता है। वो एक आख़िरी बार निहाल को देखता है और चला जाता है।
अयान अपनी कार तक जाता है। निहाल वहीं खड़ा है। जब अयान कार के पास पहुँचता है तो चन्द्रभान कार में बैठता है लेकिन अयान नहीं बैठता। वो निहाल सिंह के पास जाता है। निहाल समझ जाता है कि कुछ गड़बड़ है।

अयान रंजन

पूजा कहाँ है निहाल सिंह?

निहाल की आँखों में आँसू आ जाते हैं।

निहाल सिंह

मुझे नहीं पता सर।

चन्द्रभान समझ जाता है कि कुछ बड़ी बात हुई है। निहाल रोने लगता है।

अयान रंजन

तूने भी किया था?

निहाल सिंह

वो ज़्यादा पिला दिए थे सर उस दिन। ब्रह्मदत्त जी के साथ थे।

ये एक और खुलासा है।

निहाल सिंह

पर ग़लती तो हुई है सर। पाप हुआ है सर।

अयान रंजन

ब्रह्मदत्त ने भी किया रेप?

निहाल सिंह

हाँ सर।

वो और रोता है।

अयान रंजन

पूजा कहाँ है?

निहाल सिंह

मुझे नहीं पता सर। उस दिन 3 लड़कियाँ थीं। उसके बाद मुझको कुछ नहीं पता सर।

अयान रंजन

पूजा कहाँ है, निहाल सिंह?

निहाल सिंह

सच में नहीं पता है सर।

वो अपने हाथ जोड़ता है और चन्द्रभान की तरफ़ मुड़ता है।

निहाल सिंह

हमको माफ़ कर दो...माफ़ कर दो हमको।

वो बहुत रोने लगता है। उसकी आवाज़ कांपती है।

निहाल सिंह

अमली को मत बताना सर...मर जाएगी वो...मर जाएगी वो...

निहाल को रोते-रोते जैसे दौरा पड़ता है। वो अचानक सड़क पर कूदता है, एक ट्रक के सामने, जो उसे कुचल कर चला जाता है। निहाल मर जाता है।

फ़ेड आउट।

फ़ेड इन टु सेम - रात

अयान स्तब्ध सा अपनी कार में बैठा है, दरवाज़ा खुला है। वो फ़ोन पर था जो वो आराम से रख देता है। उस जगह पर पुलिस की गाड़ियाँ आ गई हैं। चन्द्रभान एक चाय के गिलास और स्नैक की प्लेट के

साथ दरवाज़े के पास खड़ा है जिसके लिए अयान पहले ही मना कर चुका है।

निहाल के शव को उठाकर एम्बुलेंस में रखा जा रहा है। इस सब से चन्द्रभान सबसे ज़्यादा परेशान दिख रहा है।

चन्द्रभान

ख़बर आती है कि रेप बदायूं, बुलंदशहर में हुआ है। हमसे कहीं दूर हुआ है। लेकिन दूर कुछ होता नहीं है सर। निहाल तो हमसे डेढ़ फ़ीट दूर बैठता था 12 साल।

जाटव बस अभी आया है। वो अयान के पास जाता है।

अयान रंजन

ब्रह्मदत्त को अरेस्ट करना है जाटव जी। लखनऊ से ऑफ़िसर्स आ गए हैं, घर बैठे हैं सस्पेंशन ऑर्डर लेके। वो रिसीव कर लिया तो उसके बाद कुछ नहीं हो पाएगा। उस से पहले...

एसआई जाटव

सर हम मयंक से बोलते हैं कि अरेस्ट ऑर्डर लेके घर के बाहर मिलेगा। आप साइन कर दीजिएगा। बाकी हम कर लेंगे।

अयान उसकी तरफ़ देखता है।

बाहर। टेनरी एक्सटीरियर/जंगल का दलदल - रात

जंगल में अन्दर तक अब पुलिस वाले फैले हुए हैं। एक पुलिस वाला समय-समय पर पूजा का नाम पुकार रहा है। दलदल में कुछ के पास डंडे हैं जिनके सहारे वे घुटनों तक गहरे दलदल को पार कर रहे हैं।

बाहर। अयान का घर - रात

मयंक घर के बाहर इंतज़ार कर रहा है। अयान की कार आती है।

अयान ही चला रहा है और जाटव उसके बगल में बैठा है। मयंक उसे लैटर देता है। अयान साइन करता है। जाटव उतर जाता है।

अयान रंजन

(मयंक से)
ब्रह्मदत्त कहाँ मिलेगा अभी?

मयंक

घर पे हैं सर।

अयान रंजन

उठा लो। मालती को साथ ले जाना। सबसे पहले ब्लड सैंपल लो उसका। वहीं, घर पे। फिर ऑफ़िस ले जाना।

अयान घर में चला जाता है।

अन्दर/बाहर। अयान का घर - सेम टाइम

दो वर्दीधारी आदमी अयान का इंतज़ार कर रहे हैं। अयान कार में आता है, अर्दली दौड़ कर उसके पास आता है।

अर्दली

सर कोई अदिति मैडम आई हैं।।

अन्दर :

अमली

हम आलू-परवल तो कमाल का बनाते हैं। करेला ऐसा बनाते हैं कि तीखा पता ही ना चले। और आपको पता है, निहाल भैया बोलते हैं कि जैसी खीर हम बनाते हैं ना, वैसी हमारी माँ भी नहीं बनाती थीं। अब आप बताइए कि आप खाएँगी क्या?

अदिति

मुझे सच में भूख नहीं है।

अमली

अरे, न भैया को भूख लगती है, न आपको। बनाएं किसके लिए? भैया तो सोते भी नहीं हैं। आप भी नहीं सोतीं क्या?

अमली की नज़र अयान पर पड़ती है जो बिलकुल अभी आया है।

अमली

भैया आ गए।

वर्दीधारी आदमी अयान से मिलने के लिए उठते हैं, उनके पीछे अदिति दरवाज़े पर नज़र आती है। अयान उसे देखता रहता है। वे हलका सा मुस्कुराते हैं। ऑफ़िसर्स उसे एक लिफ़ाफ़ा देते हैं और अयान उस पेपर पर साइन कर देता है जो वे देते हैं। वर्दीधारी आदमी निकल जाते हैं और अयान घर में घुसता है। वो अदिति के सामने खड़ा है। दोनों एक दूसरे को देखते रहते हैं।

अदिति

आई हैव बीन रीडिंग अप। एवरीथिंग। लगा कि तुम्हें ज़रूरत है मेरी।

अयान रंजन

बहुत है। एक मिनट...बैठो तुम...

अयान अमली को बुलाता है। जैसे ही वो बंद लिफ़ाफ़ा खाने की मेज़ पर रखता है।

अयान रंजन

अमली बेटा!

अमली आती है। अयान उसे उसके कंधों से पकड़ता है और उसे सोफ़े पर बिठाता है। अदिति थोड़ी देर से देखती है। अमली सोफ़े पर बैठने

में बहुत असहज है लेकिन बैठती है। अयान उसके सामने घुटनों पर बैठता है। उसकी आँखों में देखता है।

अयान रंजन

रेप समझती हो बेटा?

अमली स्तब्ध रह जाती है। अदिति पास आती है और अमली के पास बैठ जाती है। वो भी अयान को हैरानी से देख रही है। अमली एक पत्ते की तरह काँप रही है लेकिन हाँ में हलका सा इशारा करती है।

अयान रंजन

शानू और ममता को जो अभी पेड़ से लटका के मार दिया था न?

बीट। अमली अब रो रही है। अयान ने ये करने का पक्का इरादा कर लिया है। ये करने का कोई आसान तरीका नहीं है। वो एक पलक भी नहीं झपकता।

अयान रंजन

निहाल भइया ने भी किया था उनका रेप। उसने ख़ुद बताया मुझे।

अमली बेतहाशा रोती है।

अयान रंजन

अब नहीं आएगा निहाल भइया। अभी आपको... उसने मना किया था तुम्हें बताने को, पर बेटा पता तो चलना ही है तुम्हें...
(एक बीट)
पता नहीं कि इस से कुछ फ़रक पड़ता है या नहीं...पर उसको एहसास था बेटा...

अमली पूरी तरह टूट जाती है। अयान उसके चेहरे को पकड़े रहता है जब वो बुरी तरह रो रही है।

अयान रंजन

हम हैं बेटा तेरे साथ।

अदिति कस कर अमली को गले लगा लेती है।

बाहर। हाइवे - रात

हाइवे पर एक रात। गौरा एक बाइक पर पीछे बैठी है। उसका चेहरा ढका हुआ है। बाइक हाइवे से अलग उतरती है।

निषाद (V.O.)

रैली का विरोध बर्दाश्त नहीं हो रहा इनसे। कुछ भी कर सकते हैं ये लोग। कुछ दिन ग़ायब होना पड़ेगा। जाने से पहले मिलने का मन है तुमसे। आ सकोगी?

अन्दर/बाहर। एक हाइडआउट - रात

निषाद का आदमी गौरा को बाइक से छोड़ता है। वो खेतों में एक अकेले घर में घुसती है।
निषाद वहाँ उसका इंतज़ार कर रहा है। वे गले लगते हैं।

निषाद

हमको फिर से जेल में डालने वाले हैं गौरा।

गौरा

ये थका देंगे तुमको निषाद। सबको थका देते हैं।

निषाद

कभी-कभी उम्मीद ही नहीं बचती गौरा...पर कह भी नहीं सकते क्योंकि इतने सारे लोग आपसे उम्मीद लगा के बैठे हैं।

एक बीट।

गौरा

(करुणा से)
हम से कह सकते हो...

निषाद

कभी-कभी लगता है कि कितना कुछ करना था...कभी हम भी फूल लाते तुम्हारे लिए।
(सांस भरता है)
पर इतनी सारी बुरी ख़बरें थीं हर दिन गौरा कि... तुमको देख के मुस्कुराते थे तो लगता था कि... गुनाह कर दिया कोई...पाप कर दिया। ज़िन्दगी का ऐसा नाला बह रहा है नीचे कि...कि कभी पाँच मिनट भी नहीं मिले कि हम नदी में पाँव लटका के बैठ पाते तुम्हारे साथ। 5 मिनट भी चाँद नहीं देखा कभी। 5 मिनट को भी सुकून नहीं आया गौरा...

और वो एक बच्चे की तरह उसके गले लग जाता है और रोने लगता है।

बाहर। जेल/ लॉक अप - रात

मालती ब्रह्मदत्त का ब्लड सैंपल लेती है। ब्रह्मदत्त से एक काग़ज़ पर साइन करवाए जाते हैं। कुछ पुलिसवाले ब्रह्मदत्त को लॉकअप में ले जाते हैं। उसी समय ब्रह्मदत्त जाटव को धक्का देता है।

ब्रह्मदत्त सिंह

जात दिखा दी न साले। झाड़ू लगवानी चाहिए थी तेरे से, वर्दी पहना के बिठा दिया दफ़्तर में।

जाटव उसे देखता रहता है और फिर एक ज़ोर का थप्पड़ मारता है।

जाटव

कब तक झाड़ू लगवाइएगा ब्रह्मदत्त जी।

अन्दर। अयान का घर - रात

अमली सोफ़े पर सो रही है। एक कम्बल में सिमटी हुई। अयान और अदिति एक पिलर के सहारे खड़े हैं। अयान लगातार उसे देख रहा है।

अयान रंजन

पता है जब भी गौरा निषाद के बारे में बात करती है न तो एक अजीब सी चमक होती है उसकी आँखों में। फिर मुझे समझ मैं आया कि कुछ तो प्रॉब्लम होगी मुझ में ही कि तुमने कभी देखा ही नहीं मुझे ऐसे।

दोनों भावुक होते हैं। अदिति उसके पास जाती है। उसे देखती रहती है।

अदिति

कैन आई हग यू?

इससे पहले कि वो सवाल को पूरी तरह सुन पाए, वो उसके गले लग जाती है। दोनों वहाँ गले लगे हुए खड़े रहते हैं जिसका इंतज़ार वे महीनों से कर रहे थे।

अन्दर/बाहर। हाइडआउट - भोर

गौरा कच्चे फ़र्श पर दीवार के सहारे बैठी हुई है। उसकी आँखें बंद हैं। वो शायद सो रही है। उसकी उंगलियाँ निषाद के बालों में हैं, जो एक बच्चे की तरह चारपाई पर सो रहा है।

बाहर - भोर

निषाद (V.O.)

मैं राइटर बनना चाहता था। और साइंटिस्ट भी।

फिर सोचा कि शायद साइंस का राइटर बन जाऊँगा।

सादे कपड़ों में तीन पुलिसवाले दरवाज़े पर नज़र आते हैं। वे तेज़ी से कमरे में जाते हैं, दरवाज़े को धक्का देते हैं, उन्हें उठाते हैं और निषाद को ले जाते हैं, घबराई हुई गौरा को वहीं छोड़कर।

निषाद (V.O.)

कुछ भी न हुआ साला। क्योंकि पैदा जहाँ हुआ था, वहाँ पैदा होना ही एक भयानक एक्सीडेंट जैसा था।

गौरा उसके पीछे दौड़ती है।

बाहर। रैली - एक घंटे बाद

ब्राह्मण-दलित रैली शुरू हो चुकी है। महंत भीड़ से बोल रहा है। शान्ति प्रसाद भी स्टेज पर है।

महंत

साथियो, जाति कोई भी हो, ये हर हिन्दू के एक होने का वक़्त है। सही दुश्मन पहचानने का वक़्त है।

बाहर। लालगांव स्ट्रीट - दिन

निषाद (V.O.)

कभी हरिजन हो जाते हैं हम, कभी बहुजन हो जाते हैं। बस जन नहीं बन पा रहे कि जन मन गण में हमारी गिनती हो जाए। जितने लोग बॉर्डर पे शहीद होते हैं, उस से ज़्यादा गटर साफ़ करते हुए हो जाते हैं। और उनके लिए तो कोई मौन तक नहीं रखता।

नीले झंडों वाली चार अलग बाइक्स। पेंट और ब्रश लिए कुछ लड़के उतरते हैं और महंत के बैनर पर काला पेंट पर देते हैं।

अन्दर/बाहर। पुलिस स्टेशन - दिन

ननकू और महेंदर एक वीडियो कैमरा के सामने बयान देते हैं। दो सीबीआई ऑफ़िसर उनका बयान रिकॉर्ड करते हैं। पैनिकर देखता है।

ननकू राम

(भावहीन)
हमसे बहुत बड़ी ग़लती हो गई। दोनों लड़कियाँ ग़लत रास्ते पर थीं...परिवार का नाम ख़राब हो रहा था। समझाने से नहीं समझीं तो हमने मार दिया। बहुत बड़ी ग़लती हो गई हमसे।

महेंदर

बहुत बड़ी ग़लती हो गई हमसे।

अन्दर। अनमार्क्ड जीप - दिन

निषाद एक जीप में पीछे बैठा है। भावहीन। उसकी आवाज़ चलती है।

निषाद (V.O.)

कभी मुझे कुछ हो गया तो आप लोगों को ग़ुस्सा आएगा। उसी ग़ुस्से को हथियार बनाना है लेकिन उसके अलावा कोई हथियार बीच में नहीं आना चाहिए दोस्तो। क्योंकि जिस दिन हम लोग हिंसा के रास्ते पर चले...इनके लिए हमें मारना और भी आसान हो जाएगा।

जीप थोड़ी वीरान सी सड़क पर रुकती है। कुछ गाड़ियाँ निकल रही हैं और कुछ और पुलिसवाले एक बाइक और एक आदमी के साथ सादे कपड़ों में इंतज़ार कर रहे हैं। ये नोखाई है, वही आदमी है जो निषाद

के साथ स्कूल आया था और जिसने जाटव की जीप पर हमला किया था। सब कुछ अब जल्दी-जल्दी होता है। एक बंदूकवाला सड़क की तरफ़ देखता है और ध्यान रखता है कि ट्रैफ़िक रुके नहीं। एक आदमी निषाद को बाइक के पास इंतज़ार करते हुए आदमी के पास ले जाता है। दोनों एक-दूसरे को बहुत करुणा से देखते हैं।

निषाद (V.O.)

वैसे भी जो भी आवाज़ उठाता है, उसे देश की सुरक्षा के लिए ख़तरा बता दिया जाता है और फिर ख़त्म कर दिया जाता है। पाश ने कहा था न...कि दरअसल हम सब को देश की ऐसी सुरक्षा से खतरा है...

फिर उन्हें अकेला छोड़ दिया जाता है और अचानक सभी पुलिस वाले अपनी सर्विस रिवाल्वर निकालने लगते हैं और बंदूकवाला ट्रैफ़िक का ध्यान रखता है। निषाद और उसका दोस्त जानते हैं कि क्या होने वाला है। एक और बाइक वाला निकले और फिर काम हो जाएगा। बंदूकवाला गुस्से में उस बाइक वाले को जल्दी निकलने का इशारा करता है। नोखाई हलके-हलके सुबकने लगता है।

निषाद

हम आख़िरी थोड़ी थे नोखाई। और बहुत आएँगे।

निषाद अपनी मूँछों पर ताव देता है।
हम वापस पुलिसवालों की तरफ़ जाते हैं। वे गोलियाँ दागते हैं और बाइकर आगे निकलते हुए चौंक कर देखता है।

बाहर। रैली - सेम टाइम

ग़ुस्से में नीले झंडे लिए हुए पच्चीस आदमी भीड़ में घुसते हैं। वे जय भीम के नारे लगाते हैं। उनमें से कुछ लोग कुछ बैनर और झंडे गिराने लगते हैं। रैली से कुछ लोग उन्हें रोकने के लिए बढ़ते हैं। उनमें से एक मेज़ल टॉव कॉकटेल भीड़ पर फेंकता है। उपद्रव। थोड़ी हिंसा भड़कती है और तब तक एक आदमी पास के एक शोकेस का शीशा तोड़ देता है।

अन्दर/बाहर। पुलिस हेडक्वार्टर - लेटर

कुछ दूरी से धीमे नारे और टियर गैस के शॉट्स की आवाज़ें सुनी जा सकती हैं। जैसे ही अयान की कार आती है, वो हवा में धुआँ देखता है। एक के बाद एक, पुलिस की जीप्स निकल रही हैं। अयान उतरता है। मयंक उनका इंतज़ार कर रहा है। अयान के हाथ में एक फ़ाइल है। कुछ दूरी पर, बदहवास गौरा अपनी साइकिल पर आती है और जाटव के पास रुकती है। दोनों एक-दूसरे को देखते रहते हैं। जाटव उसे गले लगाता है और दोनों बच्चों की तरह रोने लगते हैं। मयंक उनके पास जाता है।

मयंक

हम माफ़ी माँगेंगे गौरा। बार-बार माँगेंगे। पर तुम माफ़ मत करना हमें।

अयान थोड़ी दूरी से ये देखता है और वहां से चला जाता है।

अन्दर। सीबीआई रूम - थोड़ी देर बाद

सब अपनी सीट्स पर बैठ चुके हैं।

पैनिकर

ये वायलेंस नहीं करना चाहिए था दलितों को। वायलेंस होने लगा तो सबसे ज़्यादा नुकसान उनका ही होगा।

अयान रंजन

कौन कर रहा है सर ये?

उनकी बातचीत में एक तरह का धीमापन है। दोनों एक भयानक शान्ति से बात कर रहे हैं जो बाहर के वातावरण के बिलकुल उलट है।

पैनिकर

नारे तो आपने भी सुने होंगे। जय भीम।

अयान रंजन

कभी-कभी बाहर दिखने वाले वायलेंस के पीछे

ऐसा वायलेंस होता है सर, जिसकी कोई बात नहीं करता, जो इतना नॉर्मल हो जाता है कि सभ्यता का हिस्सा बन जाता है। उसे तो हम हिंसा भी नहीं कहते। सामाजिक व्यवस्था कहते हैं। या फिर लॉ एंड ऑर्डर।

पैनिकर

आप न्यूट्रल नहीं रह पाते न?

अयान रंजन

आग लगी हो तो न्यूट्रल रहने का मतलब है कि आप आग लगाने वालों के साथ खड़े हैं।

पैनिकर

कौन लगा रहा है आग?

अयान रंजन

(इरादे से)
सर पिछले 12 घंटे में आपके फ़ोन पे सबसे ज़्यादा कॉल जिस नंबर से आए हैं, वही लगा रहा है।

पैनिकर उसे कुछ देर तक घूरता है। जितना उसने सोचा था, अयान उससे ज़्यादा तैयारी से आया है।

पैनिकर

आपको कुछ कहना है? अदरवाइज़ ओपन एंड शट केस है। इसके बाद हम सोच रहे हैं कि फ़ाइल बंद कर देंगे। क्लियर कट ऑनर किलिंग।

अयान रंजन

सर ये लड़कियाँ अपने मेहनताने में 3 रुपये एक्स्ट्रा माँग रही थीं।
(पैनिकर एक घूँट पानी पीता है)

3 रुपये सर। जो मिनरल वाटर मैं और आप रोज़ पीते हैं सर, उसके दो या तीन घूँट। बस इतना और माँग रही थीं वो। उनकी देखा-देखी कुछ और बच्चों ने काम छोड़ दिया। इस गुनाह के लिए उन तीन लड़कियों को किडनैप करके एक बस में उन्हें मोलेस्ट किया गया। मोलेस्ट सर, कामुक उत्पीड़न। जैसे एक स्कूल में उन्हें भेजने की हमारी ज़िम्मेदारी थी सर, वैसे ही एक स्कूल में, एक ख़ाली कमरे में उनके हाथ-पैर बाँध के फेंक दिया गया। वे संभोग के लिए भी परिपक्व नहीं थीं सर, पर उनका सामूहिक बलात्कार किया गया ताकि उनको उनकी औक़ात दिखाई जा सके। उन्हें मार के बस में भी छोड़ा जा सकता था, खेतों में भी फेंका जा सकता था। लेकिन उनको नुमाइश बनाके पेड़ पे लटकाया गया ताकि पूरी जात को अपनी औक़ात याद रहे। उनके पैरों में बाँधी गई रस्सी, मुँह पे बाँधी गई पट्टी, चादर के दाग़ अंशु नेहरिया के स्कूल के एक कमरे से बरामद हुए हैं। उस रात अंशु, ब्रह्मदत्त और निहाल सिंह ने उनके साथ बलात्कार किया। अंशु का ब्लड सैंपल लड़कियों के स्वैब से मैच हो चुका है सर। बाकी लोगों के टेस्ट्स भी मैं एक इंडिपेंडेंट लैब से करवा रहा हूँ सर। फ़ोन उनको भी आए हैं। इसलिए किट ख़त्म हो गई है। बट आई शैल सबमिट देम एज़ एडिशनल एविडेंस इन टाइम्स टु कम।

(पैनिकर के बोलने के अंदाज़ की नक़ल करता है)

आने वाले समय में सभी प्रमाण एक अतिरिक्त अनुलग्नक में प्रस्तुत करूँगा। ये सब मेरे थाने के द्वारा रोका जा सकता था सर। नहीं रोका गया। क्योंकि इन लोगों का ऐसा ही है सर। इन लोगों के यहाँ ऐसा होता रहता है। ये लोग अनपढ़ हैं सर। इन लोगों का छुआ भी नहीं खाया जा सकता

सर, इन फ़ैक्ट इन लोगों की परछाईं तक पड़ना अलाउड नहीं है सर। ना जाने कितनी जातियों के नाम गाली की तरह इस्तेमाल किए जाते हैं, मज़ाक की तरह इस्तेमाल किए जाते हैं। सर ये ओबीसी, एससी और एसटी हमारे समाज का सत्तर परसेंट हैं सर और इन्हें कोने में धकेल के हमने माइनॉरिटी बना दिया है। हज़ारों सालों से। और हम 30 परसेंट लोग इन्हें अपने से नीचा, बहुत नीचा मानकर अपनी सभी उन ज़रूरतों के लिए इस्तेमाल करते हैं जो हम ख़ुद नहीं कर सकते। हमारे कमोड्स में अब जेट स्प्रे लग गए हैं सर पर ये आज भी मैनहोल में सफ़ाई के लिए नंगे उतारते हैं। मादरज़ात नंगे। हम जानते हैं ये सब, बस याद नहीं रखते।

(उसे फ़ाइल देता है)

यही सब मेरी फ़ाइल में है। 98 पेजेज़ हैं इन्क्लूडिंग योर कॉल रिकार्ड्स। आप डस्टबिन में फेंक देंगे, सो आई हैव ऑलरेडी सेंट वन कॉपी टु द सीएम, टु होम सेक्रेटरी मिस्टर शास्त्री। इन्क्लूडिंग योर कॉल रिकॉर्ड सर। हो सकता है कि वो भी डस्टबिन में फेंक दें। पर आप सब अपना काम इतनी मेहनत से कर रहे हैं सर। तो मुझे भी अपना काम तो करना ही चाहिए न?

(एक बीट)

सर मैं तो आईपीएस ऑफ़िसर बना था सिर्फ़ अपने पिताजी की ख़ुशी के लिए। दो एग्ज़ाम ही थे मेरे लिए बस और एक इंटरव्यू। पास कर लिए। पर आप तो हिन्दी से इतना प्यार करते हैं। लगता है कि देश से इतना प्यार करते हैं। आपको नहीं पता चला ये सब जो मुझे कुछ दिनों में पता चल गया।

(एक बीट)

या आपके देश की परिभाषा में ये लोग शामिल नहीं हैं?

पैनिकर

यू विल रिग्रेट दिस मिस्टर रंजन।

अयान रंजन

दिल्ली में कभी-कभी यस सर की जगह नो सर बोल देंगे तो ज़्यादा से ज़्यादा क्या हो जाएगा सर?

पैनिकर उसे घूरकर देख रहा है।

अयान रंजन

हत्या हो जाएगी न आपकी।
(एक बीट)
वो तो हो गई है ऑलरेडी। बस आपको पता नहीं है।

जाने के लिए उठता है।

अयान रंजन

बाहर के दंगे और अपनी ये फ़ाइल आप हैंडल कर लीजिए। मुझे जाना है सर। वो तीसरी लड़की मुझे तो ढूंढ़नी है सर। वो वेट कर रही होगी हमारा।

पैनिकर

आई होप आपको याद है कि आप सस्पेंडेड हैं।

अयान रंजन

यहाँ किसी को कुछ याद नहीं है सर, सिवा अपनी अपनी पॉवर के।
(सांस भरते हुए)
पूजा के लिए जो ज़रूरी होगा, वो करूँगा सर। आपको इललीगल लगे तो अरेस्ट कर लीजिए कभी भी।

अधिकारी हैरान हैं। कुछ बोल नहीं पा रहे।

अयान रंजन

लाइफ़ में हाँ या ना की प्रोबेबिलिटी 50-50 होती है सर। और मुझे लगता है कि हाँ वाला 50 बहुत होता है। जय हिन्द।

वो उठता है और निकल जाता है।

बाहर। दलदल - दिन

दलदल के एकदम किनारे पर। अयान चन्द्रभान के साथ वहाँ पहुँचता है। जाटव दलदल से निकलकर आता है। उसकी पैंट गीली और कीचड़ में गंदी है। कुछ पुलिसवाले दलदल में उतर रहे हैं, कुछ ब्रेक के लिए बाहर आ रहे हैं।

जाटव

सर, खेतों में तो है नहीं, जंगल में भी सब उम्मीद हार रहे हैं।

उनके पीछे, एक पुलिसवाला, जो बीमार महसूस कर रहा है, उसे दूसरे के द्वारा बाहर के जाया जा रहा है। वो एक कोने में उल्टी करता है। अयान और बाकी सब, उसे देखते हैं। अयान सब तरफ़ देखता है और उसी समय दलदल में उतरने का तय करता है। वो आगे बढ़ने लगता है, सब हैरान रह जाते हैं।

चन्द्रभान

(हैरान)
आप जाएँगे सर?

अयान रंजन

कभी तो ब्राह्मणों को भी उतरना पड़ेगा ना?

चन्द्रभान

बात तो सही है सर पर ये...

(झिझकता है)
कपड़े गंदे हो जाएँगे...

अयान मुस्कुराता है और इस बातचीत को आगे बढ़ाता है, सबका ध्यान बंटाने के लिए।

अयान रंजन

कपड़ों के लिए भी कुछ कहती थीं आपकी माई?

चन्द्रभान

माई तो कुछ नहीं कहती थी सर पर टीवी कहता है...कि दाग अच्छे हैं।

इससे माहौल थोड़ा हलका हो जाता है। वे दलदल में उतरते हैं। उसके आसपास चन्द्रभान, जाटव और कुछ और लोग हैं - ज़्यादातर दलित।
अयान दलदल में चलता जाता है। वो दलदल में कमर तक डूबा है।

अयान रंजन

चन्द्रभान जी, आप तो राजपूत हैं न?

चन्द्रभान

सर राजपूत जैसे काम तो नहीं किए हैं कोई...
काम से तो हम अहीर हैं, यादव।

अयान रंजन

दूध का भी काम है आपका?

चन्द्रभान

श्री कृष्ण जी वाला काम है न सर। ड्राइविंग।

अयान रंजन

तो वोट किसको देते हैं आप? साइकिल को?

चन्द्रभान

नहीं सर, वोट तो माई कह के गई थी कि फूल को ही देना हमेशा।

अयान रंजन

जाटव जी, आप?

एसआई जाटव

वैसे तो हाथी को सर...पर एक बार फूल और हाथी मिल गए थे।

अयान रंजन

तो आपने किसको दिया?

एसआई जाटव

साइकिल को सर...

पुलिस वाला 1

कभी कभी साइकिल वाले एससी को टिकट दे देते हैं और हाथी वाले मुसलमान को...तो कनफ्यूज़न हो जाता है सर, समझ नहीं आता।

अयान रंजन

तो फिर क्या करते हैं?

मयंक

तो मैं तो देता नहीं सर फिर।

अयान रंजन

(एक और पुलिसवाले से)
और आप किसको देते हैं?

आदमी 2

मेरा तो भाषण पे डिपेंड करता है सर, जिसका भाषण अच्छा होता है, उसको दे देता हूँ...

आदमी 3

हम तो पंजे को वोट देते थे सर...हमारे कुर्मी कैंडिडेट को टिकट देते थे वे...इस बार दिया नहीं तो हमारा निर्दलीय हो गया...तो मोमबत्ती को दिया उसके लिए...

तभी शर्ट की जेब में रखा अयान का फ़ोन बजता है। वो उठाता है।

शास्त्री

अयान। शास्त्री हेयर...यू आर अ ब्रेव बॉय अयान...

अयान साथी पुलिस वालों से घिरा दलदल के लगभग बीच में है।

अयान रंजन

शास्त्री सर, मैं सस्पेंड चल रहा हूँ, इफ़ यू डोंट नो सर।

शास्त्री

आई एम डूइंग समथिंग अयान। वापस काम पे जाओ और इन्वेस्टिगेशन कंटिन्यू करो।

अयान रंजन

कंटिन्यू ही है सर।

शास्त्री

कीचड़ ज़्यादा है?

अयान अपने आसपास के लोगों को देखता है।

अयान रंजन

लोग भी काफ़ी हैं सर।

अचानक - दलदल के पार जंगल से एक पुलिसवाला दौड़ता हुआ आता है। उसे एक गुलाबी चप्पल मिली है।

पुलिसवाला

(ऊँची आवाज़ में)
चप्पल...दूसरी चप्पल मिली है सर।

अयान रंजन

आई विल कॉल यू बैक सर प्लीज़?

सब जोश में आ जाते हैं। गौरा जाटव के पास पहुँचती है। वो इस चप्पल को पहचानती है।

शास्त्री

कूल।

अयान के चेहरे पर ज़रा देर के लिए एक हलकी मुस्कराहट आती है। वो फ़ोन रखता है। अयान दौड़ने लगता है, बाकी सब भी। वो दलदल से बाहर निकल आते हैं और फिर जंगल में जाते हैं। वे उस जगह पहुँचते हैं जहां दूसरी चप्पल मिली है।

एसआई जाटव

आगे पंप हाउस है एक। बहुत पहले बना था।

सारे पुलिसवाले जंगल में उस तरफ़ जाने लगते हैं। अयान, जाटव और गौरा सबसे पीछे हैं। अचानक उन्हें किसी के कराहने की आवाज़ सुनाई देती है। वे उस आवाज़ की दिशा को पहचानने की कोशिश करते हैंऔर फिर उस तरफ़ बढ़ते हैं। एक पुराने पड़े हुए पाइप में से आवाज़ आ रही है। अयान पाइप तक जाता है और अन्दर झाँकता है। अन्दर पूजा है। एक मरे हुए जानवर की तरह काँपती हुई। ज़िंदा होने का एकमात्र संकेत है उसकी बहुत हलकी कराहें।

अयान रंजन

जाटव जी मुझे एम्बुलेंस चाहिए यहाँ पाँच मिनट
के अन्दर।

अयान बहुत ध्यान से उसे अपनी बाज़ुओं में उठाता है और रोड की तरफ़ चलने लगता है। बदहवास गौरा उसे संभालती हुई साथ-साथ चलती है।

आख़िरी शॉट पर सुपर या इन पिक्चर/ शॉट्स के साथ :

पूजा के बयान और फॉरेंसिक रिपोर्ट के बाद ब्रह्मदत्त को दोषी पाया गया और 14 साल की सज़ा सुनाई गई।

ननकू और महेंदर रिहा हो गए।

महंत ने अगला इलेक्शन बड़े आराम से जीता। मंत्रिमंडल के बंटवारे को लेकर ब्राह्मण दलित एकता ख़तरे में पड़ती पाई गई।

वापस :

एक एम्बुलेंस पूजा, गौरा और दो पुलिसवालों को लेकर चली जाती है। सारे थके हुए पुलिसवाले सड़क के किनारे बैठ जाते हैं। पतली सड़क के पास एक छोटी सी दुकान पर एक बूढ़ी औरत बैठी है।

अयान रंजन

अम्मा क्या बनाई हो?

वृद्ध औरत

सब्जी-रोटी।

अयान रंजन

सभी को दे दो। बहुत तेज़ भूख लगी है।

वृद्ध औरत

अभी लेओ।
(एक छोटे लड़के से)
लेओ मुन्ना। दे आओ।

सबके चेहरे पर चमक आ जाती है। एक मोंटाज हाथों का जो रोटियाँ एक-दूसरे को दे रहे हैं बिना फ़र्क़ किए कि किसका हाथ किसे खाना दे रहा है। अयान उन्हें देखता रहता है और वृद्ध औरत से पूछता है।

अयान रंजन

कौन जात हो अम्मा?

बीट। सब रुक जाते हैं क्योंकि सुनना चाहते हैं।

वृद्ध औरत

हम तो...

उसकी आवाज़ एक गुज़रते हुए ट्रक की कानफोड़ू आवाज़ में दब जाती है। पुलिस वाले हँसते हैं। फ्रीज़।

❂❂❂

कैमरा हैंडल करते निर्देशक अनुभव सिन्हा, साथ में छायाकार इवान मुलिगन

मलीहाबाद के एक आम के बाग़ में शूटिंग के दौरान निषाद और गौरा का आख़िरी सीन लिखने से तुरंत पहले गौरव सोलंकी। उसी शाम शूट हुआ यह सीन बाद में फ़िल्म के सबसे सराहे गए दृश्यों में शामिल हुआ।

एक महत्त्वपूर्ण सीन के रिहर्सल के दौरान निर्देशक अनुभव सिन्हा, आयुष्मान खुराना, कुमुद मिश्रा, सुभ्रज्योति बरत, आशीष वर्मा और सुशील पांडे

बायें से—गौरा की भूमिका में सयानी गुप्ता, ब्रह्मदत्त सिंह की भूमिका में मनोज पाहवा, कार्यकारी निर्माता सागर आर. शिरगाँवकर, एसआई जाटव की भूमिका में कुमुद मिश्रा, चंद्रभान की भूमिका में सुभ्रज्योति बरत, अंशु नेहरिया की भूमिका में वीन और गहरी सोच में डूबे निर्देशक अनुभव सिन्हा

शूट के दौरान बातचीत करते हुए निर्देशक अनुभव सिन्हा, मनोज पाहवा और नसीर

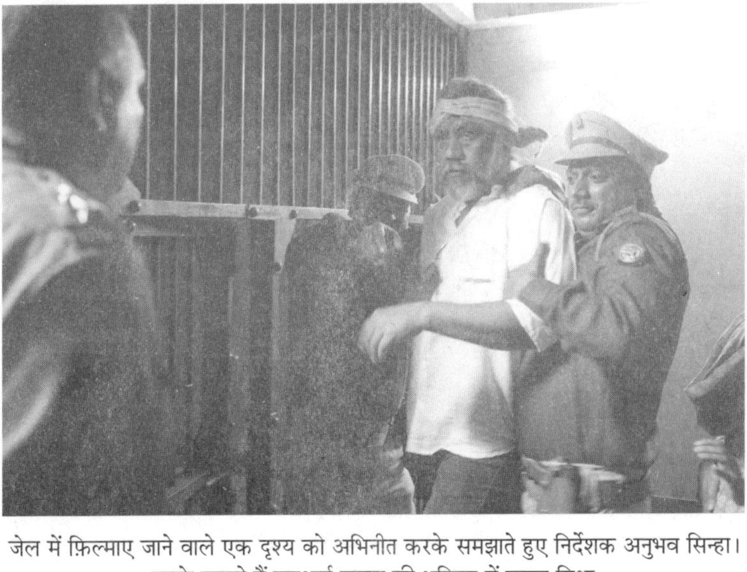

जेल में फ़िल्माए जाने वाले एक दृश्य को अभिनीत करके समझाते हुए निर्देशक अनुभव सिन्हा। उनके सामने हैं एसआई जाटव की भूमिका में कुमुद मिश्रा

बायें से—कार्यकारी निर्माता सागर आर. शिरगाँवकर, पैनिकर की भूमिका में नसीर और निर्देशक अनुभव सिन्हा

एक चाय की दुकान पर सीन से पहले निर्देशक अनुभव सिन्हा और अभिनेता आयुष्मान खुराना, साथ में हैं निहाल सिंह की भूमिका में अभिनेता सुशील पांडे (बायें) और कार्यकारी निर्माता सागर आर. शिरगाँवकर (दायें)

शूटिंग के दौरान बायें से—सुशील पांडे, निर्देशक अनुभव सिन्हा, आयुष्मान खुराना, सयानी गुप्ता, सुभ्रज्योति बरत और आशीष वर्मा

सीन की तैयारी में व्यस्त छायाकार इवान मुलिगन, सयानी गुप्ता और निर्देशक अनुभव सिन्हा

पुलिसवाले की भूमिका निभाते एक अभिनेता की वर्दी ठीक करते निर्देशक अनुभव सिन्हा, साथ में हैं आयुष्मान खुराना, सुशील पांडे और पीछे बायीं कुमुद मिश्रा, आशीष वर्मा और सुभ्रज्योति बरत

बायें से—संपादक यशा रामचंदानी, निर्देशक अनुभव सिन्हा, आयुष्मान खुराना और कार्यकारी निर्माता सागर आर. शिरगाँवकर

बायें से—डायरेक्टर्स असिस्टेंट सूरज चंद्रन नायर, निर्देशक अनुभव सिन्हा, आयुष्मान खुराना और कार्यकारी निर्माता सागर आर. शिरगाँवकर

शूट हो चुके एक सीन को बारीकी से परखते निर्देशक अनुभव सिन्हा और आयुष्मान खुराना

कैमरा सँभालते निर्देशक अनुभव सिन्हा

एक सीन के शूट के दौरान बायें से—सयानी गुप्ता, आशीष वर्मा, निर्देशक अनुभव सिन्हा, कुमुद मिश्रा और सुभ्रज्योति बरत

शूट के दौरान प्रसन्नचित्त मुद्रा में आयुष्मान खुराना, साथ में हैं आशीष वर्मा (बायीं ओर), कुमुद मिश्रा और सुभ्रज्योति बरत (दायीं ओर)

गौरव सोलंकी ईशा तलवार से फ़िल्म के एक सीन के बारे में बात करते हुए, पीछे बाएँ से वीन हर्ष (अंशु), सागर शिरगाँवकर और अनुभव सिन्हा

युवन मुलिगन निषाद के अगले सीन के शॉट्स के बारे में सोचते हुए। अनुभव सिन्हा, मोहम्मद जीशान अयूब और गौरव सोलंकी तभी के किसी मज़ाक़ पर हँसते हुए। पीछे फ़िल्म के क्रू के कुछ सदस्य।

अनुभव सिन्हा, गौरव सोलंकी, यशा रामचंदानी और आयुष्मान खुराना शूटिंग के दौरान एक सीन पर विचार विमर्श करते हुए

फ़ुरसत के पलों में निर्देशक अनुभव सिन्हा और कार्यकारी निर्माता सागर आर. शिरगाँवकर

आर्टिकल 15

भारत का संविधान

❖❖❖

1. धर्म, नस्ल, जाति, लिंग, जन्मस्थान या इनमें से किसी आधार पर राज्य अपने किसी भी नागरिक से कोई भेदभाव नहीं करेगा।
2. कोई नागरिक केवल धर्म, नस्ल, जाति, लिंग, जन्मस्थान या इनमें से किसी आधार पर किसी तरह के दायित्व, प्रतिबंध, अयोग्यता या शर्त के अधीन नहीं होगा, इस सम्बन्ध में :
   (क) दुकानों, सार्वजनिक भोजनालयों, होटलों और सार्वजनिक मनोरंजन के स्थानों में प्रवेश और उनका इस्तेमाल; या
   (ख) ऐसे कुओं, तालाबों, स्नानघाटों, सड़कों और सार्वजनिक स्थानों का इस्तेमाल जो पूर्णत: या आंशिक रूपसे राज्य की निधि से पोषित हैं या आम जनता के उपयोग के लिए बनाए गए हैं।
3. इस अनुच्छेद की कोई भी बात राज्य को स्त्रियों और बच्चों के लिए विशेष प्रावधान बनाने से नहीं रोकेगी।
4. इस अनुच्छेद की या अनुच्छेद 29 के खंड (2) की कोई भी बात राज्य को ऐसे किन्हीं वर्गों के लिए विशेष प्रावधान बनाने से नहीं रोकेगी, जो अनुसूचित जाति या अनुसूचित जनजाति में आते हैं या सामाजिक और शैक्षिक दृष्टि से पिछड़े हुए हैं।